令和3年4月〜6月　第123集

# 裁決事例集

一般財団法人 大蔵財務協会

は じ め に

　現在、国税不服審判所における審査請求事件の裁決については、法令
の解釈、運用上先例となり、他の参考となる重要な判断を含んだもの、
また、事実認定に関し他の参考となる判断を含んだもの等が公表されて
います。

　本書は、国税不服審判所より公表された裁決を、多くの税理士、公認
会計士、弁護士、行政法学者等の方々の便に資するため四半期ごとに取
りまとめて「裁決事例集」として発行しているものです。

　今版は、「裁決事例集（第123集）」として、令和3年4月から令和3
年6月分までの間に公表された裁決を収録しておりますが、今後公表さ
れる裁決についても逐次刊行していく予定です。

　本書が、日頃の税務上の取扱いの判断の参考となり税務事務の一助と
なれば幸いです。

　なお、収録されている裁決が、その後の国税に関する処分の取消訴訟
において、その処分の全部又は一部が取り消されている場合があります
ので、本書のご利用に際してはご注意ください。

令和4年2月

# 目　　次

## 〈令和 3 年 4 月分～ 6 月分〉

一　国税通則法関係

**（過少申告加算税　正当な理由　認めた事例）**

**（重加算税　隠ぺい、仮装の認定　認めなかった事例）**

**（重加算税　隠ぺい、仮装の認定　認めなかった事例）**

# 一　国税通則法関係

〈令和3年4月～6月分〉

事例1（過少申告加算税　正当な理由　認めた事例）

> 所有者を被相続人の孫とする登記がなされているなど家屋に係る相続税の申告以前の状況からすると、相続税の申告において請求人が当該家屋を申告しなかったことにつき国税通則法第65条第4項に規定する正当な理由が認められるとした事例（平成29年7月相続開始に係る相続税の更正処分及び過少申告加算税の賦課決定処分・一部取消し・令和3年6月24日裁決）
>
> 《ポイント》
> 　本事例は、相続財産と認められる家屋について、①相続開始前に当該家屋の登記上の所有者が被相続人から同人の孫に名義変更されていたこと、②請求人自身が関与税理士として当該家屋の売買に係る譲渡所得の申告を行っていること、③上記①の名義変更以前から当該家屋に被相続人は居住しておらず同人の孫が居住していたことなどの理由から、相続税の申告において当該家屋を申告しなかったことにつき国税通則法第65条第4項所定の「正当な理由」があると認められるとしたものである。

《要旨》

　原処分庁は、相続開始時点において被相続人（本件被相続人）の孫（本件孫）名義となっていた家屋（本件家屋）について、本件被相続人や共同相続人らの各預金口座等を調査すれば、本件家屋の売買代金が実質的に支払われておらず、本件被相続人と本件孫との間の当該家屋に係る売買契約が成立していないことを確認できたのであるから、本件家屋が被相続人に帰属する財産であることを把握することは可能であったにもかかわらず、その確認を怠った請求人には国税通則法第65条《過少申告加算税》第4項に規定する「正当な理由」は認められない旨主張する。

　しかしながら、前述するとおり、相続開始時点において本件家屋の登記上の名義は本件孫名義であり、請求人自身が関与税理士として本件家屋の売買に係る譲渡所得の申告を行っていたことに加え、当該売買以前から本件家屋には、本件被相続人ではなく譲受人である本件孫が居住していたことからすると、請求人は、本件家屋に係る本件被相続人と本件孫との間の売買契約が有効に成立し、本件家屋の所有権が本件孫に移転したと誤信せざるを得ない事情があったといわざるを得ない。加えて、本件家屋の売買代金が

実質的に支払われていないことを把握し得た時点が、相続税の申告期限後であったこと
を併せ考えれば、請求人が本件家屋について申告しなかったことにより相続税の申告が
過少申告となったことにつき、真に納税者の責めに帰することのできない客観的な事情
があり、過少申告加算税の趣旨に照らしてもなお請求人に過少申告加算税を賦課するこ
とは不当又は酷であって、請求人には「正当な理由」があったと認められる。


《参照条文等》
　　国税通則法第65条第4項


《参考判決・裁決》
　　最高裁平成18年4月20日第一小法廷判決（民集60巻4号1611頁）

（令和3年6月24日裁決）

《裁決書（抄）》

1　事　実

(1)　事案の概要

　　本件は、審査請求人（以下「請求人」という。）が、亡母の相続に係る相続税の申告を行ったところ、原処分庁が、亡母名義の預貯金口座から出金された現金の一部が請求人以外の共同相続人に預けられていたなどとして、相続税の更正処分及び過少申告加算税の賦課決定処分を行ったのに対し、請求人が、当該共同相続人に預けられていたとされた現金は、相続税法第9条により当該共同相続人が贈与により取得したとみなすべきであり、また、請求人は、申告漏れとなった財産の存在を知り得る状況にはなかったのであるから、国税通則法第65条《過少申告加算税》第4項に規定する「正当な理由があると認められるものがある場合」に該当するなどとして当該更正処分の一部の取消し及び当該賦課決定処分の全部の取消しを求めた事案である。

(2)　関係法令

　　国税通則法（以下「通則法」という。）第65条第1項は、期限内申告書が提出された場合において、更正があったときは、当該納税者に対し、その更正により納付すべき税額に100分の10の割合を乗じて計算した金額に相当する過少申告加算税を課する旨規定し、同条第2項は、同条第1項の規定に該当する場合において、同項に規定する納付すべき税額がその国税に係る期限内申告税額に相当する金額と50万円とのいずれか多い金額を超えるときは、同項の過少申告加算税の額は、同項の規定にかかわらず、同項の規定により計算した金額に、その超える部分に相当する税額に100分の5の割合を乗じて計算した金額を加算した金額とする旨規定している。また、通則法第65条第4項柱書及び同項第1号は、同条第1項又は第2項に規定する納付すべき税額の計算の基礎となった事実のうちにその更正前の税額の計算の基礎とされていなかったことについて正当な理由があると認められるものがある場合には、納付すべき税額からその正当な理由があると認められる事実に基づく税額として政令で定めるところにより計算した金額を控除して、過少申告加算税を課する旨規定している。

(3)　基礎事実

当審判所の調査及び審理の結果によれば、以下の事実が認められる。

イ　共同相続人等

　　G（以下「本件被相続人」という。）は、平成29年7月○日に死亡し、その相続（以下「本件相続」という。）が開始した。

　　本件相続に係る共同相続人は、いずれも本件被相続人の子である請求人及びH（以下「相続人H」という。）の2名であった。

ロ　本件被相続人名義の各預貯金口座等

　　本件被相続人は、本件相続の開始時において、別表1の各預貯金口座（以下、これらの口座を併せて「本件被相続人各口座」という。）を利用しており、平成16年12月22日から本件相続の開始時までの間に、本件被相続人各口座から別表2のとおり、合計○○○○円の現金が出金されていた。

　　また、遅くとも平成24年頃から別表1の順号2の口座からの出金を除き、上記の各出金の手続の大半は、相続人H及び同人の配偶者であるJが行っていた。

ハ　相続人H及び同人の家族名義の各預貯金口座等

　　相続人H及びJ、いずれも相続人Hの子であるK及びL並びにKの配偶者であるM名義の各預貯金口座には、平成17年1月5日から平成29年6月19日までの間に、別表3のとおり、本件被相続人各口座から出金された現金を原資とする合計62,440,516円が入金された。

　　以下、本件被相続人各口座から出金された現金を原資とする別表3の各預貯金口座への入金額の合計62,440,516円を「本件入金額」という。

ニ　本件被相続人所有の家屋の所有権移転登記等

　(イ)　本件被相続人が所有していたa市d町○－○に所在する家屋（以下「本件家屋」という。）は、平成25年7月30日、売買を原因として、本件被相続人からKへ所有権移転登記が行われた。

　(ロ)　請求人は、平成26年3月10日、本件被相続人の関与税理士として、本件被相続人の平成25年分の所得税及び復興特別所得税の確定申告書を作成し、原処分庁へ提出した。

　　　上記の申告書では、平成25年分の本件被相続人に係る不動産所得、雑所得（公的年金等）とともに、上記(イ)の本件家屋の売買に係る譲渡所得についても申告されていた。

(ハ) 上記(イ)の本件家屋に係る本件被相続人からKへの所有権移転登記は、令和元年12月6日、錯誤を原因として、抹消された。

なお、上記の錯誤は、上記(イ)の売買について、Jが、本件被相続人の承諾なく行った無効な売買であることを原因とするものであった。

(4) 審査請求に至る経緯

イ 本件相続に係る相続税の申告

(イ) 請求人は、平成30年2月9日、別表4の「当初申告」欄のとおり、本件相続に係る相続税の申告書を原処分庁へ提出した。

上記の申告書には、別表5の本件被相続人名義の各預貯金口座の取引履歴、平成18年分及び平成19年分の譲渡所得の内訳書並びに「相続税申告に関する報告書」と題する書類が添付されており、当該書類には、要旨、次の内容が記載されていた。

A 本件被相続人は、平成18年及び平成19年に土地の譲渡収入があったが、子及び孫への贈与を除いて、譲渡代金の出金先が不明である。

本件被相続人各口座の通帳、届出印鑑に係る印章の管理及び保管は、別表1の順号2の口座を除き、相続人Hが行っていた。

また、相続人H及び同人の家族名義の各預貯金口座の入出金が把握できていない。

B 本件被相続人各口座から出金された現金は、その時点で相続人Hの現実的支配下に置かれており、判例等を参考にすれば、相続人Hへの貸付金等として処理すべきであるが、金額が確定していないため、本件相続に係る財産とはしていない。

なお、請求人は、相続人Hへの訴訟を提起する予定であり、金額が確定すれば、修正申告書を提出する予定である。

(ロ) 請求人は、平成30年4月24日、別表4の「訂正申告」欄のとおり、本件相続に係る相続税の申告書（上記(イ)の申告書の一部を訂正したもの）を原処分庁へ提出した。

ロ 相続人H及び同人の家族名義の各預貯金口座の取引履歴の取得

請求人は、平成30年5月頃、相続人Hから、別表6のとおり、相続人H、J、K及びLの各預貯金口座の取引履歴並びに相続人Hの子であるN名義の預金通帳

の写しを取得した。

　　　　以下、別表6の各預貯金口座を併せて「相続人Hら各口座」という。

　　ハ　原処分

　　　　原処分庁は、請求人に対し、令和2年6月17日付で、①本件被相続人からKへの本件家屋の売買が実際には行われていなかった、②別表2の順号320から順号323までの出金された現金（合計○○○○円、以下「本件現金」という。）は、本件相続の開始時において費消されることなく、相続人Hの下に存在していた、③本件入金額は、本件被相続人が相続人Hに預けた財産（預け金）であったにもかかわらず、請求人がこれらの財産を申告していなかったと認められるとして、別表4の「更正処分等」欄のとおり、本件相続に係る相続税の更正処分（以下「本件更正処分」という。）及び過少申告加算税の賦課決定処分（以下「本件賦課決定処分」という。）をした。

　　ニ　再調査の請求

　　　　請求人は、令和2年7月9日、本件更正処分の一部に不服があるとして、再調査審理庁に対し、再調査の請求をした。

　　ホ　審査請求

　　　　請求人は、令和2年9月14日、本件賦課決定処分に不服があるとして、審査請求をした。

　　ヘ　みなす審査請求

　　　　再調査審理庁は、令和2年9月30日、上記ニの再調査の請求書を通則法第90条《他の審査請求に伴うみなす審査請求》第2項の規定に基づき、国税不服審判所長へ送付したので、同条第3項の規定により、その送付された日に審査請求がされたものとみなされた。

　　ト　併合審理

　　　　上記ヘの審査請求を上記ホの審査請求と併合審理する。

2　争　点

(1)　本件入金額を預け金とした本件更正処分は適法か否か（争点1）。

(2)　請求人に通則法第65条第4項に規定する正当な理由があるか否か（争点2）。

3　争点についての主張

(1)　争点1（本件入金額を預け金とした本件更正処分は適法か否か。）について

| 原処分庁 | 請求人 |
|---|---|
| 　本件入金額について、①本件被相続人は、相続人Hが本件被相続人名義の通帳及び印章の管理・保管することを了解していたこと、②本件被相続人が他人に贈与をする際は、その贈与の意思を明確にしていたこと、③本件被相続人は、相続人Hが本件被相続人各口座から出金した現金を使用していたことを知っていたこと、④相続人Hは、本件入金額が本件相続に係る財産になることを強く認識していたことなどからすれば、本件被相続人は、相続人Hへ本件入金額に相当する額を寄託（又は消費寄託）していることとなるから、本件被相続人は、相続人Hに対し、本件入金額に相当する額の金銭の返還請求権（債権）を有していた。<br>　また、仮に、相続人Hが、本件被相続人の承諾を得ることなく、本件入金額を取得していたとしても、相続人Hは、法律の原因なく本件入金額を利得したこととなるから、本件被相続人は、相続人Hに対し、本件入金額に相当する額の金銭の返還請求権（債権）を有していたこととなる。<br>　したがって、本件被相続人は、いずれの場合においても、相続人Hに対する本件入金額に相当する額の金銭の返還請求権（債権）を有しているのであるから、 | 　本件入金額について、相続人Hは本件入金額を自己の生活費等に費消しており、また、本件被相続人と相続人Hとの間に贈与契約が存在しないのであるから、相続人Hは本件入金額を横領したもので、これは民法上、相続人Hの不当利得に当たる。<br>　そうすると、本件被相続人は、民法上、本件入金額に相当する額の返還請求権（債権）を有していることとなるが、税法上、相続人Hは、経済的利益を享受しているから、不当利得である本件入金額は、税法上は、相続税法第9条のいわゆる「みなし贈与」になる。<br>　したがって、税法上、預け金（相当額の金銭債権）は相続財産とならず、これを相続財産とした本件更正処分は違法である。 |

| | |
|---|---|
| 本件入金額（に相当する債権）を相続財産とした本件更正処分は適法である。 | |

(2) 争点２（請求人に通則法第65条第４項に規定する正当な理由があるか否か。）について

| 請求人 | 原処分庁 |
|---|---|
| 　次のイからハまでのとおり、請求人は、本件相続に係る財産を把握するため、弁護士を選任し、最大限の努力を行ったにもかかわらず、本件家屋、本件現金及び本件入金額について、過少申告をしたものであるから「正当な理由」がある。 | 　次のイからハまでのとおり、本件家屋、本件現金及び本件入金額を申告しなかったことには、本件相続に係る財産調査が不足していたことに起因するものであるから、「正当な理由」はない。 |
| イ　本件家屋について<br>　　請求人は、本件相続に係る相続税の申告に際し、本件被相続人の固定資産（補充）課税台帳登録事項証明書を確認したが、本件家屋が本件被相続人名義の資産として証明されていなかった。また、請求人は、相続人Ｈとは世帯を別にしており、本件家屋の売買が行われていないことを把握することはできなかった。 | イ　本件家屋について<br>　　請求人は、本件相続に係る相続税の申告に際し、上記１の(4)のイの(イ)のとおり、把握していない本件相続に係る相続財産が存在することを容易に推測できたのであるから、請求人は、本件被相続人各口座からの入出金が固定資産（補充）課税台帳登録事項証明書に証明されていない不動産の取得等に充てられている可能性も含め、本件被相続人各口座及び相続人Ｈら各口座の入出金などを調査すべきであった。<br>　　また、原処分庁が、相続人Ｈ及びＪに対し、本件被相続人各口座及び相続人Ｈら各口座の入出金や本件家屋に係る取引等を質問調査することにより、 |

本件家屋が本件相続に係る財産である
ことを認定したことからすれば、請求
人においても、本件家屋が相続財産で
あることを把握することは可能であっ
た。

ロ　本件現金について

　　本件現金は、本件相続の直前に、本
件被相続人各口座から出金されたもの
であるところ、本件被相続人の生前、
別表１の順号２を除く本件被相続人各
口座の通帳を相続人Ｈが管理してい
た。また、請求人は、本件相続に係る
相続税の申告に際し、相続人Ｈに対し
て本件被相続人の財産となる現金等の
有無について照会したが回答が得られ
なかったのであり、本件現金の存在を
把握することはできなかった。

ハ　本件入金額について

　　請求人は、相続人Ｈに対し、本件被
相続人各口座から出金した現金のう
ち、相続人Ｈ及び同人の家族名義の各
預貯金口座に入金した現金があれば、
何かしらの申告が必要となる旨説明
し、使途を照会したが、相続人Ｈから
回答が得られなかった。

　　また、本件入金額は、上記(1)の「請
求人」欄のとおり、みなし贈与となる
から、「相続税、贈与税の過少申告加
算税及び無申告加算税の取扱いについ

ロ　本件現金について

　　本件現金は、本件被相続人各口座か
ら出金されたもので、請求人は、本件
被相続人各口座及び相続人Ｈら各口座
の入出金を調査すれば、本件現金が本
件相続に係る財産に含まれることを把
握することは可能であった。

ハ　本件入金額について

　　本件入金額は、上記ロと同様、本件
被相続人各口座から出金され、相続人
Ｈら各口座に入金されたもので、請求
人は、それらの各口座を調査すれば、
本件入金額が本件相続に係る財産に含
まれることを把握することは可能であ
った。

| | |
|---|---|
| て（事務運営指針）」（平成12年7月3日付課資2-264ほか2課共同）の第1の1の(3)のイの「相続税法第51条第2項各号に掲げる事由」に該当する。 | |

4　当審判所の判断

(1)　争点1（本件入金額を預け金とした本件更正処分は適法か否か。）

　イ　判断

　　　本件入金額については、上記1の(3)のハのとおり、本件被相続人各口座から出金された現金が原資であること、本件入金額について、本件被相続人と相続人Hとの間に贈与等、その所有権を本件被相続人から相続人Hに移転する旨の契約が存在しないことについては、原処分庁及び請求人との間に争いはないところ、このような事実関係を前提とすれば、本件入金額の法的な性質にかかわらず、少なくとも本件被相続人は、本件相続の開始時において、相続人Hに対して、本件入金額に相当する額の金銭債権を有していたと認められる。

　　　したがって、本件入金額を預け金（債権）として課税した本件更正処分は適法である。

　ロ　請求人の主張について

　　　請求人は、上記3の(1)の「請求人」欄のとおり、本件入金額は民法上、相続人Hの不当利得に当たるが、税法上は、相続人Hが経済的利益を享受していたことから、相続税法第9条のいわゆる「みなし贈与」に当たる旨主張する。

　　　しかし、相続税法第9条は、贈与契約の履行により取得したものとはいえないが、関係する者の間の事情に照らし、実質的にみて、贈与があったのと同様の経済的利益の移転の事実がある場合に、租税回避行為を防止するため、税負担の公平の見地から、贈与税を課税することとしたもので、贈与があったのと同様の経済的利益の移転の事実がある場合に適用される規定である。

　　　本件においては、上記イのとおり、本件被相続人は、本件相続の開始時において、相続人Hに対して、本件入金額に相当する額の金銭債権を有していた。これを裏返せば、相続人Hは、本件相続の開始時において、本件被相続人に対して、本件入金額に相当する額の金銭債務を負っていたと認められるから、本件入金額

について、実質的に贈与があったのと同様の経済的利益の移転の事実があったとは認められず、相続税法第9条の規定には該当しない。

　　　したがって、この点に関する請求人の主張には理由がない。

(2) 争点2（請求人に通則法第65条第4項に規定する正当な理由があるか否か。）

　イ　法令解釈

　　　過少申告加算税は、過少申告による納税義務違反の事実があれば、原則としてその違反者に対して課されるものであり、これによって、当初から適法に申告し納税した納税者との間の客観的不公平の実質的な是正を図るとともに、過少申告による納税義務違反の発生を防止し、適正な申告納税の実現を図り、もって納税の実を挙げようとする行政上の措置と解される。

　　　この趣旨に照らせば、通則法第65条第4項にいう「正当な理由があると認められる」場合とは、真に納税者の責めに帰することのできない客観的な事情があり、上記のような過少申告加算税の趣旨に照らしてもなお納税者に過少申告加算税を賦課することが不当又は酷になる場合をいうものと解するのが相当である（最高裁平成18年4月20日第一小法廷判決・民集60巻4号1611頁参照）。

　ロ　認定事実

　　　原処分関係資料並びに当審判所の調査及び審理の結果によれば、以下の事実が認められる。

　　(イ)　本件被相続人は、平成21年頃からいわゆる老人ホームに入居しており、上記1の(3)のニの(イ)のKへ譲渡（売却）したとする平成25年には、本件家屋に居住していなかった。

　　　　なお、本件家屋には、平成21年頃からK及びMが居住していた。

　　(ロ)　平成25年の本件家屋の売買に係る所有権移転登記の申請書類である売渡証書には、本件被相続人の氏名の記載と押印があった。

　　(ハ)　請求人は、平成29年11月20日付のP市長が発行した本件被相続人の「固定資産（補充）課税台帳登録事項証明書」を取得した。

　　　　なお、上記の証明書には、本件家屋の記載はなかった。

　　(ニ)　請求人の子であるQは、本件被相続人から遺贈によりa市d町○－○の土地を取得した。

　　(ホ)　請求人は、別表6の相続人Hら各口座の取引履歴又は預金通帳の写しを、本

件相続に係る相続税の申告期限後に相続人Hから入手した。

　㈫　Jは、平成25年の本件家屋の売買代金について、本件被相続人各口座から出金した現金をK名義の預金口座へ入金することにより調達した。

　㈬　Jは、本件家屋の売買に係る代金決済について、上記㈫で調達した現金をK名義の預金口座から出金し、本件被相続人各口座へ入金することにより行った。

　㈭　請求人は、令和元年11月頃、原処分庁所属の調査担当者から上記㈫及び㈬の各事実について説明を受けた。

ハ　当てはめ

　㈠　本件家屋について

　　A　不動産登記には、公信力が認められないものの、一般的には登記簿上の名義人が、当該不動産の所有者と推定することができるところ、本件においては、上記1の(3)のニの㈠のとおり、本件相続の開始時、本件家屋の所有者をKとする登記がなされており、しかも、上記1の(3)のニの㈡のとおり、請求人が関与税理士として本件家屋の売買に係る譲渡所得の申告を行っていること、また、上記ロの㈠のとおり、本件被相続人は、平成21年頃から本件家屋に居住しておらず、譲受人であるKが居住しており、かつ、上記ロの㈣のとおり、Kと同じく本件被相続人の孫に当たるQも、本件被相続人から土地の遺贈を受けており、本件被相続人が、Kに本件家屋を譲渡することが、特段不自然、不合理とはいえないことなどの事情からすれば、請求人において、殊更に、本件家屋の売買の有効性を疑うべき状況になかったと認められる。

　　　このような本件家屋に係る相続税の申告以前の状況からみれば、請求人には、本件被相続人とKとの間の本件家屋の売買が有効に成立し、本件家屋の所有権がKに移転したと誤信せざるを得ない事情があったといわざるを得ない。

　　　このことに加え、上記ロの㈥から㈭までのとおり、本件被相続人各口座からK名義の預金口座を経由して本件被相続人各口座へ資金が還流した事実を請求人が把握し得た時点が、本件相続に係る相続税の申告期限後であったことを併せ考えれば、請求人が本件家屋について申告しなかったことにより本件相続に係る相続税の申告が過少申告となったことについて、真に納税者の責めに帰することのできない客観的な事情があり、過少申告加算税の趣旨に

— 14 —

照らしてもなお請求人に過少申告加算税を賦課することは不当又は酷であって、請求人には正当な理由があったと認められる。

B　原処分庁は、上記3の(2)の「原処分庁」欄のイのとおり、請求人は、本件被相続人各口座からの入出金が、本件被相続人の固定資産（補充）課税台帳登録事項証明書に証明されていない不動産の取得等に充てられている可能性も含め、入出金などを調査すべきであった旨、また、原処分庁が、本件被相続人各口座及び相続人Ｈら各口座の入出金や質問調査を契機として本件相続に係る財産であると認定したことからすれば、請求人も本件家屋が本件相続に係る財産であることを把握することは可能であった旨主張する。

　　しかしながら、上記Ａのとおり、本件家屋の売買について、特段不自然、不合理な点は認められないのであり、請求人がこれを有効と信じてもやむを得ないことといえる。

　　また、上記ロの㈱のとおり、請求人が、相続人Ｈら各口座の取引履歴等を入手したのは、本件相続に係る相続税の申告期限後であり、単に、本件被相続人各口座からの使途不明な出金があったというだけで、本件被相続人の固定資産（補充）課税台帳登録事項証明書において証明もされていない本件家屋に係る、本件相続の開始時から約4年も前に本件被相続人とＫとの間で締結された売買契約の有効性について、請求人が、疑念を抱いた上で、その有効性を調査すべきであったとはいえない。

　　したがって、この点に関する原処分庁の主張には理由がない。

㈲　本件現金について

A　請求人は、上記1の(4)のイの(イ)のとおり、本件相続に係る相続税の申告期限までに本件被相続人名義の各預貯金口座の取引履歴を取得し、当該取引履歴から、本件現金を含む出金の事実及びその使途が不明であることを把握していたものと認められる。

　　それにもかかわらず、請求人は、本件現金を含む出金された現金の使途について、相続人Ｈに口頭で数回尋ね、それに対し、相続人Ｈから本件被相続人のために使った旨の抽象的な返事をされただけで、それ以上、具体的にその使途を追及したり、調査することもなく、本件現金の全額が、本件相続に係る財産に含まれないとして、本件相続に係る相続税の各申告書を提出し、

過少申告したものである。

　　したがって、上記の過少申告について、真に納税者の責めに帰することのできない客観的な事情があり、上記イのような過少申告加算税の趣旨に照らしてもなお請求人に過少申告加算税を賦課することが不当又は酷であるとはいえないから、請求人に正当な理由があったとは認められない。

B　請求人は、上記３の⑵の「請求人」欄のロのとおり、本件現金が、本件相続の直前に、本件被相続人各口座から出金されていたものであり、本件被相続人の生前において、別表１の順号２を除く本件被相続人各口座の通帳を相続人Ｈが管理していたこと、請求人は、本件相続に係る相続税の申告に際し、相続人Ｈに対して本件被相続人の財産となる現金等の有無について照会したが回答が得られなかったという事情があるから、本件現金の存在を把握することはできなかった旨主張する。

　　しかしながら、請求人の主張する事情とは、結局のところ、共同相続人である相続人Ｈの行為によって相続財産の範囲が不明確であったため、申告ができなかったとする請求人の主観的な事情にすぎない。

　　したがって、この点に関する請求人の主張には理由がない。

(ハ)　本件入金額について

A　上記(ロ)と同様に、請求人は、本件相続に係る相続税の申告期限までに本件被相続人各口座の取引履歴を取得し、当該取引履歴から本件入金額に相当する額を含む出金の事実及びその使途が不明であることを把握していたものと認められる。

　　それにもかかわらず、請求人は、本件入金額を含む出金された現金の使途について、相続人Ｈに口頭で数回尋ね、それに対し、相続人Ｈから本件被相続人のために使った旨の抽象的な返事をされただけで、それ以上、具体的にその使途を追及したり、調査することもなく、本件入金額の全額が、本件相続に係る財産に含まれないとして、本件相続に係る相続税の各申告書を提出し、過少申告したものである。

　　したがって、上記の過少申告について、真に請求人の責めに帰することのできない客観的な事情があり、上記イのような過少申告加算税の趣旨に照らしてもなお請求人に過少申告加算税を賦課することが不当又は酷であるとは

いえないから、請求人に正当な理由があったとは認められない。

B　請求人は、上記3の(2)の「請求人」欄のハのとおり、相続人Hに対し、本件被相続人各口座から出金した現金の使途を照会したものの、相続人Hから回答が得られなかったことから、本件入金額が相続財産に含まれることを把握することはできなかった旨、また、本件入金額がみなし贈与となるから、「相続税、贈与税の過少申告加算税及び無申告加算税の取扱いについて（事務運営指針）」の第1の1の(3)のイに該当し、正当な理由がある旨主張する。

しかしながら、上記(ロ)の本件現金と同様、請求人の主張する事情とは、結局のところ、共同相続人である相続人Hの行為によって相続財産の範囲が不明確であったため、申告ができなかったとする請求人の主観的な事情にすぎない。

また、上記(1)のとおり、本件入金額はみなし贈与に当たらないから、「相続税、贈与税の過少申告加算税及び無申告加算税の取扱いについて（事務運営指針）」の第1の1の(3)のイに該当しない。

したがって、これらの点に関する請求人の主張には理由がない。

(3)　本件更正処分の適法性

上記(1)のとおり、本件入金額を預け金とした本件更正処分は適法である。

以上を基に、請求人の本件相続に係る相続税の課税価格及び納付すべき税額を計算すると、いずれも本件更正処分の額と同額となる。

また、本件更正処分のその他の部分については、請求人は争わず、当審判所に提出された証拠資料によっても、これを不相当とする理由は認められない。

したがって、本件更正処分は適法である。

(4)　本件賦課決定処分の適法性

上記(2)のとおり、本件家屋に係る税額については、通則法第65条第4項に規定する正当な理由があると認められるものの、他の部分については、本件相続に係る相続税の申告が過少申告になったことについて、請求人に同項に規定する正当な理由があるとは認められない。

そうすると、本件相続に係る相続税の過少申告加算税の額の計算の基礎となる税額は、別表7の「非正当事由部分の額」欄の「過少申告加算税の基礎となる税額」欄のとおり、○○○○円となる。

以上を基に、当審判所において、過少申告加算税の額を計算すると、別紙「取消
　額等計算書」の「加算税の額の計算」の「過少申告加算税」欄の「裁決後の額」欄
　の「加算税の額」欄のとおり、本件賦課決定処分の額を下回るから、その一部を取
　り消すべきである。

(5)　結論

　　よって、審査請求には理由があるから、原処分の一部を取り消すこととする。

別表1　本件被相続人名義の各預貯金口座（省略）

別表2　本件被相続人各口座からの出金（省略）

別表3　相続人H及び同人の家族名義の各預貯金口座への入金（省略）

別表4　審査請求に至る経緯及び内容（省略）

別表5　本件被相続人名義の各預貯金口座の取引履歴（省略）

別表6　相続人H及び同人の家族名義の各預貯金の取引履歴（省略）

別表7　過少申告加算税の基礎となる税額（審判所認定額）（省略）


別紙　取消額等計算書（省略）

事例2（重加算税　隠ぺい、仮装の認定　認めなかった事例）

> 　請求人が、被相続人の借入金が存在しないのに存在するかのように仮装していたとは認められないとして、**重加算税の賦課決定処分を取り消した事例**（平成29年8月相続開始に係る相続税の重加算税の賦課決定処分・一部取消し・令和3年6月3日裁決）
>
> 《ポイント》
> 　本事例は、相続税の課税価格の計算上債務控除していた被相続人の請求人からの借入金について、実際に被相続人が請求人から借り入れることとなった経緯が認められ、金銭借用証書の表題の記載からしても借入れが不自然とはいえないことや、当時、被相続人が意思能力に欠ける状態であったとは認定できず同借入れを否定する事情もないなどとして、同借入金がなかったと認めることはできないとして国税通則法第68条《重加算税》第1項に規定の仮装に該当する事実があったとは認められないとしたものである。

《要旨》
　原処分庁は、請求人が相続税の申告において相続税の課税価格の計算上債務控除をしていた被相続人の請求人からの借入金は、請求人から被相続人へ直接送金されておらず、十分な金額の預貯金を有する被相続人が請求人から借り入れする必要も認められないこと等から、借入金が存在しないにもかかわらず、あたかも当該借入金が存在したかのように装って金銭借用証書を作成したことが事実の仮装行為に該当し、国税通則法第68条《重加算税》第1項所定の重加算税の賦課要件を満たす旨主張する。
　しかしながら、①被相続人の土地の購入資金に係る信用金庫からの融資がとん挫し、請求人が代わりに被相続人に対し金員を貸し付けることとなった経緯が認められ、金銭借用証書の表題に一時的な貸付けであることを意味する「一時」と付されていること等からすれば、請求人が被相続人に同金員の貸付けをしたとしても不自然とはいえないこと、②暫定的に請求人から被相続人に対する貸付けが行われた可能性があるから、請求人から被相続人に直接送金されていないことをもって直ちに被相続人の請求人からの借入れがなかったとはいえないこと、③同金員の貸付けについて被相続人の了解を得てい

たことを否定する事情もないことからすれば、被相続人の請求人に対する借入金が存在
しなかったとはいえず、請求人が金銭借用証書を作成して、存在しない債務を実際に存
在するかのように仮装していたとは認められないから、請求人に国税通則法第68条第1
項の「仮装」があったとは認められない。


《参照条文等》
　国税通則法第68条第1項


《参考判決・裁決》
　平成27年10月1日裁決（裁決事例集 No.101）

（令和3年6月3日裁決）

《裁決書（抄）》

1 事 実

(1) 事案の概要

　　本件は、審査請求人（以下「請求人」という。）が、原処分庁所属の調査担当職員の調査を受けて相続税の修正申告を行ったところ、原処分庁が、相続税の申告において相続税の課税価格の計算上債務控除をしていた借入金は存在しない債務であり、あたかも同債務が存在したかのように装って金銭借用証書を作成し、当該債務控除をしたことが事実の仮装行為に該当するとして重加算税の賦課決定処分を行ったのに対し、請求人が、当該仮装行為を行った事実はないとして、当該賦課決定処分のうち、過少申告加算税相当額を超える部分の取消しを求めた事案である。

(2) 関係法令

　　国税通則法（以下「通則法」という。）第68条《重加算税》第1項は、通則法第65条《過少申告加算税》第1項の規定に該当する場合において、納税者がその国税の課税標準等又は税額等の計算の基礎となるべき事実の全部又は一部を隠蔽し、又は仮装し、その隠蔽し、又は仮装したところに基づき納税申告書を提出していたときは、当該納税者に対し、政令で定めるところにより、過少申告加算税の額の計算の基礎となるべき税額に係る過少申告加算税に代え、当該基礎となるべき税額に100分の35の割合を乗じて計算した金額に相当する重加算税を課する旨規定している。

(3) 基礎事実

　　当審判所の調査及び審理の結果によれば、以下の事実が認められる。

イ 相続について

　　G（以下「本件被相続人」という。）は、平成29年8月○日に死亡し、同日、その相続（以下「本件相続」という。）が開始した。本件相続に係る共同相続人は、本件被相続人の長男である請求人と二男であるHの2名である。

ロ J社について

　　J社（以下「本件法人」という。）は、平成12年1月○日、不動産の売買、賃貸及び管理業務等を目的として設立された、請求人及びHが発行済株式の全てを有する法人税法第2条《定義》第10号に規定される同族会社であり、請求人は、

本件法人の設立当初からその代表者を務めている。

ハ　本件被相続人及び本件法人による不動産の取得について

　本件被相続人及び本件法人は、平成29年4月1日、a市d町○－○の土地（以下「本件土地」という。）及びその上に存する2棟の建物（家屋番号○○○○及び○○○○の各共同住宅。以下、これら2棟の建物を総称して「本件各建物」という。）を、売買代金47,000,000円（うち、本件土地の代金は43,000,000円、本件各建物の代金は4,000,000円）で買い受ける旨の売買契約（以下「本件売買契約」という。）を締結した。

　上記の売買代金は、手付金2,000,000円を契約締結と同時に、残代金45,000,000円を平成29年5月9日までに支払うこととされ、当該手付金は、本件被相続人が現金で支払った。

ニ　金銭の借用証書等について

（イ）平成29年4月20日付の借用証書等について

　A　請求人は、平成29年4月12日、K銀行○○支店の請求人名義の普通預金口座（口座番号○○○○）から現金6,000,000円を、同月17日、L銀行○○支店の請求人名義の普通預金口座（口座番号○○○○）から現金3,600,000円をそれぞれ出金し、各同日、M信用金庫○○部の本件被相続人名義の普通預金口座（口座番号○○○○。以下「被相続人預金口座」という。）へ入金した。

　B　平成29年4月20日付で、本件被相続人が請求人から、上記Aの各年月日に6,000,000円及び3,600,000円の合計9,600,000円を借り入れた旨の金銭借用証書（以下「別件証書」という。）が作成された。別件証書には、貸主として請求人の記名、借主として本件被相続人の記名及び押印があり、公証人により平成29年4月20日の確定日付が付されている。

（ロ）平成29年4月27日付の借用証書等について

　A　本件被相続人及び請求人は、平成29年4月27日付で、本件被相続人が請求人から現金5,000,000円を借り入れた旨の「金銭（一時）借用証書」（以下「本件証書」という。）を作成した。本件証書には、貸主として請求人の記名、借主として本件被相続人の記名及び押印があり、本件被相続人が、平成29年4月27日、上記5,000,000円を一時借り入れた旨の記載がある（以下、本件証書に本件被相続人が借り入れたとして記載された5,000,000円を「本件

5,000,000円」という。）。

　　　Ｂ　本件被相続人及び本件法人は、平成29年4月27日付で、本件法人が本件被
　　　　相続人から現金5,000,000円を借り入れた旨の金銭借用証書（以下「4月27日
　　　　付法人借用証書」という。）を作成した（以下、本件法人が借り入れたとす
　　　　る5,000,000円を「本件金員」という。）。4月27日付法人借用証書には、貸主
　　　　として本件被相続人の記名、借主として本件法人の記名及び社判の押印があ
　　　　り、本件法人が、平成29年4月27日、本件金員を本件各建物の購入費用とし
　　　　て借り入れた旨の記載がある。

　　　Ｃ　請求人は、平成29年4月27日、Ｍ信用金庫○○支店の請求人名義の普通預
　　　　金口座（口座番号○○○○。以下「請求人預金口座」という。）から現金
　　　　5,000,000円を出金し、同日、同信用金庫○○部の本件法人名義の普通預金口
　　　　座（口座番号○○○○。以下「法人預金口座」という。）へ入金した。

　ホ　本件売買契約に係る残代金の決済について

　　　本件売買契約に係る残代金45,000,000円は、平成29年5月9日、本件土地部分
　　に相当する額41,000,000円が被相続人預金口座から、本件各建物部分に相当する
　　額4,000,000円が法人預金口座から、いずれも振込みにより支払われた。また、平
　　成29年5月9日付で、本件土地の所有権は本件被相続人に、本件各建物の所有権
　　は本件法人に移転する旨の所有権移転登記がされた。

(4)　審査請求に至る経緯等

　イ　請求人及びＨは、本件相続に係る相続税（以下「本件相続税」という。）につ
　　いて、法定申告期限までに、別表の「期限内申告」欄のとおり記載した本件相続
　　税の申告書（以下「本件申告書」という。）を共同で提出して本件相続税の申告
　　（以下「本件申告」という。）をした。本件申告書には、本件被相続人の債務とし
　　て、請求人からの借入金14,600,000円（別件証書に係る借入金9,600,000円及び本件
　　5,000,000円の合計）が計上され、当該借入金は請求人が負担する旨の記載があり、
　　別件証書及び本件証書の写しが添付されていた。

　　　なお、本件申告書第11表の「相続税がかかる財産の明細書」には、4月27日付
　　法人借用証書に係る本件被相続人の本件法人に対する債権の記載はなく、同債権
　　は本件相続税の課税財産に含まれていなかった。

　ロ　原処分庁所属の調査担当職員（以下「本件調査担当職員」という。）は、令和

元年12月18日、本件相続税の調査に基づき、請求人及びHに対し、定期預金の申告漏れ、本件5,000,000円に係る借入金の債務控除の否認及びHが本件被相続人から贈与により取得した現金の加算漏れなどを指摘して本件相続税の修正申告（以下「本件修正申告」という。）を勧奨した。

　　請求人及びHは、令和元年12月18日、当該指摘を受けて本件5,000,000円に係る借入金を債務控除額から除くなどして、別表の「修正申告」欄のとおり記載した本件相続税の修正申告書を共同で提出して本件修正申告をした。

ハ　原処分庁は、令和2年1月28日付で、請求人に対して、別表の「賦課決定処分」欄のとおり、本件修正申告に基づき納付すべき本件相続税の額のうち、①定期預金の申告漏れ及び本件5,000,000円に係る借入金の債務控除の否認に基づく額については、通則法第68条第1項に規定する隠蔽・仮装行為があったとして重加算税の賦課決定処分を、②Hが本件被相続人から贈与により取得した現金の加算漏れなどに基づく額については、通則法第65条第1項に規定する過少申告加算税の賦課決定処分を、それぞれ行った。

ニ　請求人は、令和2年2月3日、上記ハの①の重加算税の賦課決定処分に不服があるとして審査請求をした。

ホ　原処分庁は、令和2年2月27日付で、請求人に対して、別表の「変更決定処分」欄のとおり、上記ハの①の重加算税の賦課決定処分のうち定期預金の申告漏れに係る部分について、過少申告加算税相当額を超える部分を取り消す旨の変更決定処分をした。

ヘ　請求人は、令和2年3月3日、審査請求における請求の趣旨について、原処分のうち過少申告加算税相当額を超える部分の取消しを求める旨の審査請求書の補正書を提出した。

2　争点

　　請求人に通則法第68条第1項に規定する「仮装」に該当する事実があったか否か。

3　争点についての主張

| 原処分庁 | 請求人 |
|---|---|
| 次のとおり、請求人は、本件5,000,000円に係る借入金が実際には存在しないにもか | 次のとおり、請求人は、本件被相続人が本件金員を本件法人に貸し付ける原資とし |

かわらず、相続税の債務控除の適用を受けるため、本件被相続人が本件法人に本件金員を貸し付けるために請求人からその原資（本件5,000,000円）を借り入れていたかのように仮装する目的で本件証書を作成した。

したがって、請求人に通則法第68条第1項に規定する「仮装」に該当する事実があった。

(1) 以下によれば、本件5,000,000円に係る借入金は存在しない。

イ 本件証書記載の作成日において、請求人預金口座から出金された現金5,000,000円は、本件被相続人の預貯金の口座を経由することなく、法人預金口座へ入金されており、請求人から本件被相続人への金銭の交付はない。

ロ また、本件被相続人は、本件法人の役員になったことも本件法人に対して出資をしたこともないから、本件被相続人が本件法人に貸付けをする合理的な理由はない上、本件法人に貸付けをするとしても、本件被相続人は当時75,000,000円以上の預貯金を有していたから請求人から借入れをする必要はなかった。

ハ さらに、本件法人の平成29年1月1日から同年8月31日までの期間に係る取引の記載がある総勘定元帳において

て請求人から本件5,000,000円を借り入れた事実を基に本件証書を作成したのであり、存在しない債務を実際に存在するかのように仮装していない。

したがって、請求人に通則法第68条第1項に規定する「仮装」に該当する事実はなかった。

(1) 以下によれば、本件5,000,000円に係る借入金は存在した。

イ 本件金員は、本件法人による本件各建物の購入に充てるため、請求人から本件被相続人に対してその原資（本件5,000,000円）の貸付けがされた後、本件被相続人から本件法人へ貸し付けられたものであり、本件被相続人の預貯金の口座を経由することなく法人預金口座へ入金されたのは、本件各建物の購入に係る決済日が迫っていたため、請求人が直接法人預金口座へ振り込んだことによるものにすぎない。

ロ 本件被相続人に預貯金はあったが、現金を確保する必要があったことから銀行からの借入れを予定していたものの、これがとん挫したために、請求人が貸し付けることとなったのである。

ハ また、「原処分庁」欄の(1)のハの本件法人の総勘定元帳の手書きによる訂正は、請求人が同元帳の作成を依頼していた外注先の入力間違いを訂正した

も、本件金員の借入先は請求人として作成された後に、同借入先が本件被相続人へ手書きで訂正されているところ、少なくとも、平成29年8月31日までは、本件法人の会計処理上も、本件法人は、本件被相続人ではなく請求人から本件金員の借入れをしたものとされていたことが分かる。

ニ　この点、請求人も、本件調査担当職員に対し、本件5,000,000円の借用に本件被相続人は関与せず実際に請求人から本件被相続人への貸付けは行われていない旨及び本件証書の写しを本件申告書に添付することによって存在しない債務の計上を行った旨の申述を行い、当該申述に従った内容の本件修正申告を行っている。

(2)　本件証書には、貼付されるべき印紙の貼付がなく、また同時期に請求人と本件被相続人が作成した別件証書には付されている公証人の確定日付印もないことに加えて、本件証書記載の同日付で、同額の借入れについて、その使途の記載を削除した証書（以下「本件証書類似の証書」という。）が別途作成されているなど不合理な点がある。

このことに、総勘定元帳の記載の訂正が上記(1)のハのとおり平成29年8月31日以降にされ、また、本件法人の平成29年

ものにすぎない。

ニ　さらに、「原処分庁」欄の(1)のニの申述及び本件修正申告は、本件調査担当職員から、請求人預金口座から出金された現金5,000,000円は本件被相続人の預貯金の口座を通過していないので本件被相続人の債務としては認められない旨の指摘を受け、本件被相続人の預貯金の口座を通過していないことは事実であるため、やむを得ないと考えて応じてしまったものであり、誤りである。

(2)　本件5,000,000円の貸付けは、一時的に貸し付ける予定で行ったものであり、本件証書は、本件被相続人の了解を得てその貸付けの記録として作成したものである。

(3)　したがって、存在しない債務を実際に存在するかのように仮装して本件証書を作成したという事実はない。

| | |
|---|---|
| 1月1日から同年12月31日までの事業年度（以下「平成29年12月期」という。）の決算書等には本件金員が本件被相続人からの借入れであることを前提とする債務免除益が計上されていることからすれば、本件証書は本件相続の開始日以降に日付を遡って作成されたものといえ、本件証書をもって、本件被相続人に本件5,000,000円に係る借入金があったことの裏付けとはできない。<br><br>(3)　上記(1)及び(2)のことから、請求人は、本件被相続人に本件5,000,000円に係る借入金が存在せず、本件法人に対して本件金員を貸し付けていたのは請求人であったにもかかわらず、本件被相続人に本件5,000,000円に係る借入金が存在するかのように装って本件証書を作成したといえる。 | |

4　当審判所の判断

(1)　法令解釈

　　通則法第68条第1項に規定する重加算税は、通則法第65条第1項に規定する過少申告加算税を課すべき納税義務違反が、課税要件に係る事実の全部又は一部を隠蔽し、又は仮装する方法によって行われた場合に課されるものであるところ、ここでいう「事実を仮装する」とは、所得、財産あるいは取引上の名義等に関し、あたかも、それが事実であるかのように装う等、故意に事実をわい曲することをいうと解される。

(2)　認定事実

　　請求人に、本件5,000,000円に係る借入金について「仮装」に該当する事実があったといえるか否かの判断に当たっては、その前提として本件被相続人が請求人から

本件5,000,000円に係る借入れをしていた事実が認められるかどうかが問題となるところ、この点に関し、請求人提出資料、原処分関係資料並びに当審判所の調査及び審理の結果によれば、以下の事実が認められる。

イ　本件売買契約に係る代金支払のための融資計画及びそのとん挫

　(イ)　請求人は、M信用金庫○○部の融資担当者に対し、請求人と本件被相続人との連名で作成された平成29年4月3日付の「借入趣意書」と題する書面を提示して、本件被相続人による本件土地の購入資金として20,000,000円の融資の可否について打診した。

　　これに対し、融資担当者は、上記の打診を断った。

　(ロ)　請求人は、上記(イ)の融資が断られたことを受けて、自らが本件被相続人に本件土地の購入資金の一部を貸し付けることとし、上記1の(3)のニの(イ)のとおり、平成29年4月12日及び同月17日、請求人名義の各普通預金口座から被相続人預金口座へ各入金をし、別件証書を作成した。

　(ハ)　また、請求人は、本件5,000,000円について、上記1の(3)のニの(ロ)のCのとおり、大型連休明けである本件売買契約の残代金の支払期限が迫っていた平成29年4月27日、請求人預金口座から現金で同額を出金し、法人預金口座へ入金した。

　　本件証書の表題は、別件証書の表題が「金銭借用証書」とされているのと異なり、「金銭（一時）借用証書」と記載されており、本件証書に係る貸借が一時的なものであることを示す「一時」との文言が付されている。

ロ　本件被相続人の意思能力に係る事実

　本件被相続人は、本件売買契約当時、「○○」の認定を受け、外出することや字を書くことが困難な状況にあった。

　もっとも、本件被相続人の意思能力の程度を裏付ける客観的な証拠はない。

ハ　本件被相続人が有していた預貯金残高

　本件被相続人は、平成29年4月27日時点で、定期預金や定額貯金を含めて76,000,000円を超える預貯金を有していた。

ニ　本件法人の経理処理

　請求人は、本件法人の総勘定元帳について、各事業年度の終了後に請求人が小口現金の出納帳、銀行の通帳及び不動産管理会社から送付を受けた収支報告書等

会計ソフトへのデータ入力に必要な書類を外部業者へ提出してその入力を委託し、当該外部業者による入力済の総勘定元帳を請求人が確認して誤り等があれば手書きで訂正するという方法により作成していた。そして、請求人は、作成した総勘定元帳を税理士に提出して本件法人の法人税等の確定申告書及び財務諸表の作成を依頼していた。

本件法人の平成29年12月期の総勘定元帳の長期借入金勘定について、本件金員は、当初は請求人からの借入金として外部業者によりデータ入力されたが、その後請求人の手書きにより本件被相続人からの借入金と訂正された。

ホ　本件証書の作成及び本件修正申告に至る経緯等に係る請求人の申述等

(イ)　本件調査担当職員は、令和元年９月19日、請求人に対し、本件金員の原資（本件5,000,000円）が本件被相続人の預貯金の口座に入金された形跡が見当たらない旨を指摘したところ、請求人は、翌20日、本件金員は、請求人預金口座から直接法人預金口座へ振り込んだが、請求人と本件被相続人との間及び本件被相続人と本件法人との間における借入れに係る本件証書及び４月27日付法人借用証書をそれぞれ作成した旨回答した。

これに対し、本件調査担当職員は、本件金員の原資（本件5,000,000円）が本件被相続人の預貯金の口座に入金されていないのであれば、本件被相続人の本件5,000,000円に係る借入金は存在しないこととなるから、この点についての債務控除は認められない旨を請求人に伝えた。

(ロ)　本件調査担当職員に対する請求人の申述が記載された令和元年11月14日付の質問応答記録書には、本件5,000,000円に係る借入金について、要旨、以下のとおりの記載がある。

A　本件法人は、本件被相続人から本件各建物の購入代金を借り入れることとした。

まず、請求人が本件被相続人に融資し、本件被相続人がそのお金を本件法人に貸し付けるという形態を採った。その時に本件被相続人と請求人との間で作成したのが本件証書である。

B　請求人が本件法人に直接貸付けをしなかったのは、本件被相続人が請求人から借入れを行うことにより、相続税の申告において、債務控除ができると考えたためである。

しかし、実際には、本件法人の本件各建物の購入代金は、請求人から直接本件法人に振り込んだ。その後、本件被相続人から返金してもらおうとしたが実行しなかった。

C　本件被相続人は、本件被相続人と請求人との間の借用に関与しておらず、本件証書は作成しただけに終わった。したがって、本件被相続人と請求人との間には本件5,000,000円の借用は存在しない。

D　請求人は、本件申告書を作成し、本件証書を添付して本件申告をしたが、実際には請求人から本件被相続人への貸付けは行っておらず、本件証書を添付して存在しない債務の計上を行った。

(ハ)　請求人は、本件調査担当職員から、本件申告において本件5,000,000円を本件被相続人の借入金として債務控除したことにつき重加算税を課す旨の見解を伝えられたのに対し、令和元年12月20日、要旨、以下の内容の「申述書」と題する書面を原処分庁宛に提出して重加算税の賦課について異議を申し立てた。

A　本件被相続人及び本件法人は、本件各建物を本件法人名義とし、本件各建物の購入代金は、本件被相続人が銀行から融資を受けた資金の一部を本件法人に貸し付けることにして、平成29年5月9日の代金決済で本件売買契約を締結した。

B　しかし、本件被相続人は、予定していた銀行からの本件各建物の購入資金の借入れができなかったので、急遽、本件売買契約に係る代金決済に間に合わせるべく、平成29年4月27日、請求人が本件金員を一時的に立て替えた。

C　その際、請求人は、売買代金を用意することに慌てていたので、5,000,000円を本件被相続人の銀行口座に入金せずに、直接、法人預金口座に入金した。本件被相続人とは後で精算するつもりで、本件証書及び4月27日付法人借用証書を作成しておいたが、本件各建物の耐震補強やリフォーム等の対応や所有していたアパートの退室立会いに追われているうちに本件被相続人の容態が悪化し、上記精算を行う前に本件被相続人が逝去した。

D　このような状況で、本件法人は、本件金員を本件被相続人の債務免除として決算処理したが、請求人及びHは、本件調査担当職員から、本件金員の原資（本件5,000,000円）は本件被相続人の預貯金の口座を経由していないので本件5,000,000円に係る借入金は債務とは認められないとの指摘を受けたため、

本件修正申告をした。

(ニ) 請求人は、令和２年６月９日の当審判所に対する答述において、本件調査担当職員から、本件法人の申告についても、本件金員を本件被相続人からの借入れではなく、請求人からの借入れとする必要があると告げられ、そうなると、請求人としても本件法人から5,000,000円を返済してもらえるということもあって、改めて本件法人の法人税等の申告の修正を税理士に依頼した旨述べた。

ヘ 本件被相続人の意思能力等に関する請求人の答述

請求人は、令和２年６月９日の当審判所に対する答述において、平成29年４月27日当時、本件被相続人は、字は書けないものの意識ははっきりしており、本件5,000,000円について請求人からの借入れとすることについても事前に了解を得ていた旨述べた。

(3) 検討

イ 上記(2)のイの(イ)によれば、請求人及び本件被相続人は、本件売買契約に係る代金の決済に当たり、当初はその代金の一部である20,000,000円について、本件被相続人を借主とする融資をＭ信用金庫から受けることを予定していたところ、当該融資がとん挫したことが認められる。このような融資のとん挫の経緯や、上記(2)のイの(ハ)のとおり、現金5,000,000円が本件売買契約の代金決済日に近接した平成29年４月27日に入金されていること及び本件証書の表題に一時的な貸借であることを意味する「一時」と付されていること等からすれば、本件被相続人が上記(2)のハのように十分な金額の預貯金を有していた事実を踏まえても、請求人が上記(2)のホの(ロ)のＡのとおり申述するように、本件被相続人に本件5,000,000円の貸付けをすることとしたとしても不自然であるとまではいえない。

この点、請求人の本件被相続人に対する本件5,000,000円の貸付事実に関し、上記(2)のホの(ロ)のＣ及びＤによれば、質問応答記録書に、請求人が、本件5,000,000円について、本件被相続人に対する貸付けはしておらず、本件申告において存在しない債務の計上をした旨自認する記載があるものの、これを除けば、請求人は、上記(2)のホの(ロ)のＡ及びＢ並びに同(ハ)のＢのとおり、請求人から本件被相続人に本件5,000,000円を貸し付け、本件被相続人から更に本件法人に本件金員を貸し付けたものである旨、及び本件証書は、これらの事実に基づいて作成した旨の上記３の「請求人」欄の(1)のイの主張に沿う内容をおおむね一貫して述べており、更

に本件調査担当職員から、上記(2)のホの(イ)のとおり、本件被相続人の預貯金の口座に入金されていないのであれば、本件5,000,000円に係る借入金は存在しないこととなる旨告げられていたことも認められるから、これらの事情に照らせば、質問応答記録書に上記(2)のホの(ロ)のC及びDのとおり記載された請求人の回答内容については、上記(2)のホの(ニ)のとおり、本件被相続人と本件法人のいずれへの貸付けであるかについては特に重視していないことがうかがえる請求人において、本件調査担当職員に上記のとおり告げられたことにより、本件被相続人への貸付けというためには本件被相続人に対する直接の送金が不可欠であるということであれば、本件被相続人に対する貸付けではなかったということでも構わないという認識でされたものであると見ることも否定できない。そうすると、上記(2)のホの(ロ)のC及びDの質問応答記録書の記載内容をもって、本件5,000,000円に係る借入金の存在を否定することまではできないし、請求人に本件5,000,000円が本件被相続人の債務となるよう仮装をした事実やその意思があったとまでは認めることはできない。

ロ　そして、請求人から本件被相続人へは本件5,000,000円に相当する金員が直接送金されていないものの、上記(2)のイの(ハ)のとおり、本件証書にわざわざ「一時」と記載されていることなどの事情に照らすと、上記(2)のホの(ロ)のA及びB並びに同(ハ)のBで請求人が述べるとおりの経緯で暫定的に請求人から本件被相続人に対する貸付けが行われた可能性もあるのであるから、直接送金がされていない事実をもって、直ちに請求人から本件法人への貸付けであったと認定することもできない。

ハ　また、本件被相続人の意思能力についても、本件被相続人に、上記(2)のロの事情が認められるとしても、これにより、本件被相続人の事理弁識能力等に喪失又は減退等の事情があったか否かは明らかでないから、本件被相続人は意思能力が欠ける状態であったと認定することはできず、他に本件5,000,000円について請求人からの借入れとすることについて本件被相続人の了解を得ていた旨の上記(2)のへの請求人の答述を否定する事情も認められない。

ニ　以上によれば、当審判所の調査及び審理の結果によっても、本件被相続人の請求人に対する本件5,000,000円に係る借入金がなかったと認めることはできず、同様に本件5,000,000円を原資とした本件被相続人の本件法人に対する4月27日付法

— 33 —

人借用証書に係る貸付けについてもこれを否定するに足りる証拠はない。

　　したがって、請求人は、存在しない債務を実際に存在するかのように仮装していたとは認められないから、請求人に通則法第68条第1項の「仮装」に該当する事実があったとは認められない。

(4)　原処分庁の主張について

　　イ　原処分庁は、上記3の「原処分庁」欄の(1)のロ及びハ並びに同(2)のとおり、本件被相続人が本件法人に金銭を貸し付ける合理的な理由も、本件被相続人が請求人から金銭を借り入れる必要もないこと、本件法人の総勘定元帳の作成のためのデータ入力において、本件金員は、当初請求人からの借入れであるとされていたこと、及び本件証書は本件相続の開始日以降に日付を遡って作成されたものであり裏付けとできないことなどから、本件5,000,000円に係る借入金は存在しない旨主張する。

　　　　しかしながら、本件5,000,000円に係る借入金の存在を否定できないことは上記(3)のニのとおりである。また、本件法人における経理処理の経緯が上記(2)のニのとおりと認められるところ、本件法人の総勘定元帳が手書きで訂正された経緯に不自然な点はなく、本件証書が本件相続の開始日以降に日付を遡って作成されたと認める証拠もないから、本件法人の総勘定元帳における手書きによる訂正前の記載をもって、本件金員は請求人から本件法人への貸付けであると認めることはできない。

　　ロ　原処分庁は、上記3の「原処分庁」欄の(1)のニのとおり、請求人が本件被相続人への貸付けは行われていない旨自認する申述をしたこと及び当該申述に沿う本件修正申告をしたことから、本件5,000,000円に係る本件被相続人への貸付けは存在しない旨主張する。

　　　　しかしながら、上記(3)のイのとおり、請求人による上記申述によっても、本件5,000,000円に係る借入金の存在を否定できないし、また、本件修正申告についても、当時の認識に基づいてした可能性が否定できない以上、これをもって、当該借入金の存在を否定することはできない。

　　ハ　原処分庁は、上記3の「原処分庁」欄の(2)のとおり、本件証書と同日付で本件証書類似の証書が別途作成されていることなど不合理な点があることから、本件証書をもって、本件5,000,000円に係る借入金があったことの裏付けとはできない

旨主張する。

　しかしながら、本件5,000,000円に係る借入金の存在が否定できないことは上記
(3)のニのとおりである。

　なお、当審判所の調査及び審理の結果によれば、本件証書類似の証書について、
請求人が、本件申告後の本件法人の決算に際し、本件証書のデータを基に分かり
やすいシンプルな文面に修正したものである旨答述しているところ、かかる説明
が不合理とまでもいえないから、本件証書類似の証書が別途作成されている事実
をもって、上記(3)のニの認定は左右されない。

ニ　以上のとおり、原処分庁の主張にはいずれも理由がない。

(5)　原処分の適法性について

　上記(3)のニのとおり、本件被相続人の請求人に対する本件5,000,000円に係る借入
金がなかったと認めることはできないから、請求人に通則法第68条第1項の「仮
装」に該当する事実があったとは認められない。

　そして、本件5,000,000円は、本件被相続人の債務控除額として本件相続税の課税
価格の計算上控除すべきことになるが、上記(3)のニで述べたとおり、本件5,000,000
円を原資として、本件被相続人の本件法人に対する4月27日付法人借用証書に係る
貸付けが行われたことも、これを否定するに足りる証拠はなく、また、上記(2)のニ
のとおり、本件法人の平成29年12月期の総勘定元帳の長期借入金勘定において、本
件被相続人からの借入金が計上されていることからすると、本件相続の開始日にお
いて、本件被相続人は、本件法人に対して、本件金員に相当する5,000,000円の貸付
債権を有していたと認められる。よって、請求人は、上記5,000,000円の貸付債権を
本件相続税の課税財産に計上すべきであったところ、上記1の(4)のイのとおり、本
件申告においてこれを計上していない。

　そうすると、請求人の本件相続税の納付すべき税額は、本件修正申告における本
件相続税の納付すべき税額と同額となるところ、請求人の主張に基づいたところに
あっても、本件被相続人が上記5,000,000円の貸付債権を有していた事実が本件修正
申告前の税額の計算の基礎とされていなかったことについて、通則法第65条第4項
第1号に規定する「正当な理由」があるとは認められない。そして、請求人は、原
処分のその他の部分については争わず、当審判所に提出された証拠書類等によって
も、これを不相当とする理由は認められない。

— 35 —

そこで、当審判所において、請求人の本件相続税に係る過少申告加算税の額を計算すると、別紙「取消額等計算書」のとおりであると認められる。

　したがって、原処分のうち過少申告加算税相当額を超える部分は違法である。

(6)　結論

　よって、審査請求には理由があるから、原処分の一部を別紙「取消額等計算書」のとおり取り消すこととする。

別表　審査請求に至る経緯等（省略）


別紙　取消額等計算書（省略）

事例3 （重加算税　隠ぺい、仮装の認定　認めなかった事例）

> 　当初から過少に申告することを意図し、その意図を外部からもうかがい得る特段の行動をしたと認めることはできないとして、**重加算税の賦課決定処分を取り消した事例**（平成29年6月相続開始に係る相続税の重加算税の賦課決定処分・一部取消し・令和3年6月25日裁決）
>
> 《ポイント》
> 　本事例は、相続税の申告書の作成を依頼した税理士からの質問に対して請求人がした回答が、同税理士の質問を誤解して回答した可能性を否定できず、故意に虚偽の事実を説明したものとは認められないとして、かかる回答をしたことをもって、請求人が、当初から過少に申告することを意図し、その意図を外部からもうかがい得る特段の行動をしたと認めることはできないとして、重加算税の賦課決定処分を取り消したものである。

《要旨》

　原処分庁は、請求人が、被相続人が締結していた各建物更生共済契約（本件各共済契約）に関する権利（本件各権利）を相続税の課税財産として申告する必要があると認識していながら、税理士（本件税理士）に対して本件各共済契約は掛け捨て型のものであると故意に虚偽の説明をし、本件税理士に相続税の課税財産として申告すべき損害保険契約に関する権利はないとの誤解を生じさせた上、本件税理士に本件各権利の存在を一切告げなかったことは、当初から相続財産を過少に申告することを意図し、その意図を外部からもうかがい得る特段の行動に当たり、国税通則法第68条《重加算税》第1項に規定の隠蔽又は仮装の行為が認められる旨主張する。

　しかしながら、本件税理士の請求人に対する質問の文言からすれば、請求人の「共済は掛け捨てに移行している」旨の回答は、本件税理士の質問の趣旨を誤解してなされた可能性があり、実際に建物更生共済契約から掛け捨ての損害保険へと移行されたものもあることからすれば、必ずしも虚偽であるとまではいえない。また、請求人が本件税理士に預けた各普通貯金通帳の中には本件各共済契約に係る共済掛金の支払が確認できるものもあることからすれば請求人が本件税理士に対して本件各権利を秘匿しようという

意図があったとまで認めることはできない。したがって、請求人が本件税理士に対して故意に虚偽の説明をしたものと認めることはできず、請求人が本件税理士に当該回答をした事実をもって、請求人が、当初から過少に申告することを意図し、その意図を外部からもうかがい得る特段の行動をしたと認めることはできないから、国税通則法第68条第1項に規定の隠蔽又は仮装の行為があったということはできない。

《参照条文等》
　国税通則法第68条第1項

《参考判決・裁決》
　最高裁平成7年4月28日第二小法廷判決（民集49巻4号1193頁）

（令和 3 年 6 月25日裁決）

《裁決書（抄）》

1 事　実

(1) 事案の概要

　　本件は、審査請求人（以下「請求人」という。）が、原処分庁所属の調査担当職員の調査に基づき相続税の修正申告をしたところ、原処分庁が、相続財産の一部を申告していなかったことに隠蔽の行為が認められるとして重加算税の賦課決定処分をしたのに対し、請求人が、当該隠蔽の行為はないとして、当該処分のうち、過少申告加算税相当額を超える部分の取消しを求めた事案である。

(2) 関係法令

　　国税通則法（以下「通則法」という。）第68条《重加算税》第 1 項は、通則法第65条《過少申告加算税》第 1 項の規定に該当する場合において、納税者がその国税の課税標準等又は税額等の計算の基礎となるべき事実の全部又は一部を隠蔽し、又は仮装し、その隠蔽し、又は仮装したところに基づき納税申告書を提出していたときは、当該納税者に対し、政令で定めるところにより、過少申告加算税の額の計算の基礎となるべき税額（その税額の計算の基礎となるべき事実で隠蔽し、又は仮装されていないものに基づくことが明らかであるものがあるときは、当該隠蔽し、又は仮装されていない事実に基づく税額として政令で定めるところにより計算した金額を控除した税額）に係る過少申告加算税に代え、当該基礎となるべき税額に100分の35の割合を乗じて計算した金額に相当する重加算税を課する旨規定している。

(3) 基礎事実

　　当審判所の調査及び審理の結果によれば、以下の事実が認められる。

イ　請求人は、F（以下「本件被相続人」という。）の長男である。

ロ　本件被相続人は、G 農業協同組合（以下「本件農協」という。）との間で、本件被相続人を共済契約者等とする別表 1 に記載の各建物更生共済契約（以下、別表 1 に記載の各建物更生共済契約を併せて「本件各共済契約」といい、本件各共済契約に関する権利を「本件各権利」という。）を締結していた。

ハ　本件被相続人は、平成29年 6 月○日（以下「本件相続開始日」という。）に死亡し、その相続（以下「本件相続」という。）が開始した。本件相続に係る相続人は、請求人、本件被相続人の長女であるH、同二男であるJ、同三男であるK

及び同四男であるLの5名である。

　　請求人が本件相続により取得した財産には、本件各権利及びd市e町○-○の山林（面積：396㎡。以下「本件山林」という。）が含まれていた。

ニ　請求人は、平成29年9月27日、本件農協から、本件各共済契約に係る「共済契約解約返戻金相当額等証明証」（本件相続開始日において本件各共済契約を解約するとした場合に支払われることとなる解約返戻金の額などが記載されたもの。以下「本件証明書」という。）を取得した。

ホ　請求人は、平成29年11月28日、本件相続に係る相続税（以下「本件相続税」という。）の申告書の作成をM税理士法人に所属するN税理士（以下「本件税理士」という。）に依頼し、本件税理士は、当該依頼を受けて、請求人の自宅において、請求人に対し、本件被相続人の相続財産の確認のための聞き取りを行った。

　　その際、本件税理士は、請求人に対し「損害保険はどうなっていますか。」と質問し、請求人は、当該質問に対して「共済は掛け捨てに移行している。」と回答した。

ヘ　請求人は、平成29年11月28日、本件税理士に対し、本件農協の○○支店（以下「本件農協支店」という。）の本件被相続人名義の貯金通帳21通を含む本件相続税の関係書類を預けた。当該関係書類には、本件証明書は含まれていなかった。

ト　請求人は、平成29年12月初旬、請求人が自宅で保管していた本件相続税の関係書類をM税理士法人の事務所に届けた。当該関係書類にも、本件証明書は含まれていなかった。

チ　請求人は、平成30年3月9日、本件農協に対し、別表1の順号1及び2、4ないし16の各共済契約について、共済契約者等の名義を本件被相続人から請求人に変更する手続を行った。

リ　請求人は、平成30年3月12日、本件農協に対し、別表1の順号1及び2の各共済契約に係る満期共済金の支払の請求をし、当該満期共済金は、同日、本件農協支店の請求人名義の普通貯金口座に振り込まれた。

(4)　審査請求に至る経緯

イ　請求人は、法定申告期限内に、別表2の「期限内申告」欄のとおり記載した本件相続税の申告書を原処分庁に提出して期限内申告をした（以下、当該申告を「本件申告」といい、本件申告に係る申告書を「本件申告書」という。）。本件申

告書には、本件各権利及び本件山林は記載されていなかった。

ロ　請求人は、令和2年6月4日、原処分庁所属の調査担当職員の調査に基づき、本件各権利及び本件山林を本件相続税の課税価格に算入して、別表2の「修正申告」欄のとおり記載した本件相続税の修正申告書を原処分庁に提出し、修正申告をした（以下、当該修正申告を「本件修正申告」という。）。

ハ　原処分庁は、令和2年6月29日付で、請求人は、本件各権利が本件被相続人の財産であることを知りながら、これを隠蔽し、相続財産として申告していなかったと認められるとして、請求人に対し、別表2の「賦課決定処分」欄のとおり本件相続税に係る重加算税の賦課決定処分（以下「本件賦課決定処分」という。）をした。

ニ　請求人は、令和2年7月15日、本件賦課決定処分に不服があるとして、再調査の請求をしたところ、再調査審理庁は、令和2年10月12日付で、棄却の再調査決定をした。

ホ　請求人は、令和2年11月9日、再調査決定を経た後の本件賦課決定処分に不服があるとして、審査請求をした。

2　争　点

請求人に、通則法第68条第1項に規定する隠蔽又は仮装の行為があったか否か。

3　争点についての主張

| 原処分庁 | 請求人 |
| --- | --- |
| 次のとおり、請求人には、通則法第68条第1項に規定する隠蔽又は仮装の行為があった。 | 次のとおり、請求人には、通則法第68条第1項に規定する隠蔽又は仮装の行為はない。 |
| (1)　請求人が、解約返戻金相当額の記載のある本件証明書を取得したこと、本件各共済契約の一部について共済契約者等の名義を請求人に変更する手続を行ったこと、本件各共済契約のうち満期となった契約について満期共済金の支払請求手続を行ったことなどからすれば、請求人 | (1)　本件各権利が申告漏れとなったのは、請求人は本件証明書を含む全ての関係書類を保管箱ごと本件税理士に渡したと認識していたものの、本件証明書の紛失により本件証明書が本件税理士に渡らなかったこと、また、それに本件税理士の見落としが重なったことが原因であり、請 |

は、本件相続開始日時点における本件各権利の存在とその財産的価値を認識していたと認められ、本件各権利を本件相続税の課税財産として申告する必要があると認識していたと認められる。そして、請求人は、本件各権利を本件相続税の課税財産として申告する必要があると認識していたにもかかわらず、本件各権利を本件申告において申告していなかったのであるから、当初から相続財産を過少に申告することを意図していたものと認められる。

(2) 請求人は、上記(1)のとおり、本件各権利を本件相続税の課税財産として申告する必要があると認識しており、本件税理士から相続税額の計算案や説明を複数回受けていることからすると、請求人が本件税理士に本件各権利の話を一切行わないことは著しく不自然であり、本件税理士が集計した相続財産の資料を確認し、本件各権利が申告から漏れていることを認識できないはずがないのだから、請求人が本件税理士が集計した財産に本件各権利が含まれていないことに気付かなかったとは認められない。加えて、請求人は、本件税理士に対し、本件各共済契約は掛け捨て型のものであると故意に虚偽の説明をし、本件税理士に本件相続税の課税財産として申告すべき損害保険金は

求人に過少申告の意図があったものではない。

(2) 本件税理士からの本件相続税に関する説明や請求人が確認した内容は、各相続人の手取り分配額及び納税額の見込み、不動産の評価が主なもので、各財産細目の内容説明等は行われておらず、請求人は、本件各権利が本件税理士の集計した相続財産に含まれていないことに気付かなかった。

そして、請求人が本件税理士に対して「共済は掛け捨てに移行している。」と回答したのは、本件税理士による「損害保険はどうなっていますか。」との質問を、損害保険の状況を問われたものと請求人が誤認したことによるものであって、現に掛け捨て型の共済契約に切り替えたものもあるのであるから、請求人が事実と異なる回答をしたものではない。

| | |
|---|---|
| ないとの誤解を生じさせ、本件税理士に本件証明書を提示ないしは本件各権利があることを説明すれば、上記誤解は解けるにもかかわらず、本件証明書を取得した以降、本件申告書を提出するまでの間、本件税理士から相続税額の計算案や説明を複数回受けている際に、本件各権利の存在を本件税理士に伝えていないのであるから、請求人には、過少申告の意図を外部からもうかがい得る特段の行動があったといえる。 | また、請求人が本件各共済契約について本件税理士に説明しなかったのは、本件証明書を含めた全ての関係書類が本件税理士に提出されているものと認識していたこと、及び、本件税理士から具体的に本件各共済契約に関する資料を求められなかったことによるものであり、隠蔽を意図して故意に提示しなかったものではない。<br><br>さらに、請求人は、本件税理士に、本件各共済契約の保険料の支払が多数記載された本件農協の通帳を引き渡していることから、請求人に本件各共済契約の存在を隠蔽する意図がなかったことは明らかである。 |
| (3) 上記のとおり、請求人は、当初から相続財産を過少に申告することを意図し、その意図を外部からもうかがい得る特段の行動をした上で、その意図に基づく過少申告をしたものと認められる。 | (3) 上記のとおり、請求人に当初から相続財産を過少に申告する意図はなく、その意図を外部からもうかがい得る特段の行動をした上で、その意図に基づく過少申告をしたものではない。 |

4 当審判所の判断

(1) 法令解釈

　　通則法第68条第1項に規定する重加算税の制度は、納税者が、過少申告をするについて隠蔽、仮装という不正手段を用いていた場合に、過少申告加算税よりも重い行政上の制裁を科することによって、悪質な納税義務違反の発生を防止し、もって申告納税制度による適正な徴税の実現を確保しようとするものである。

　　したがって、重加算税を課するためには、納税者のした過少申告行為そのものが隠蔽、仮装に当たるというだけでは足りず、過少申告行為そのものとは別に、隠蔽、仮装と評価すべき行為が存在し、これに合わせた過少申告がされたことを要するも

のである。しかし、上記の重加算税制度の趣旨に鑑みれば、架空名義の利用や資料の隠匿等の積極的な行為が存在したことまで必要であると解するのは相当でなく、納税者が、当初から過少に申告することを意図し、その意図を外部からもうかがい得る特段の行動をした上、その意図に基づく過少申告をしたような場合には、重加算税の賦課要件が満たされるものと解すべきである（最高裁平成7年4月28日第二小法廷判決・民集49巻4号1193頁参照）。

(2)　認定事実

　　　請求人提出資料、原処分関係資料並びに当審判所の調査及び審理の結果によれば、以下の事実が認められる。

　イ　本件税理士は、上記1の(3)のホのとおり請求人による回答を受けて、本件被相続人の相続財産中に申告すべき損害保険契約に関する権利はないものと判断し、それ以後、請求人に対して申告すべき損害保険契約に関する権利の有無について尋ねることはなかった。

　ロ　本件被相続人は、賃貸不動産ごとに本件農協支店に各普通貯金口座を開設し、当該各普通貯金口座において当該各賃貸不動産に関する借入金の元利金や電気料金の支払をそれぞれ行っており、建物更生共済契約に係る共済掛金や損害保険契約に係る保険料の支払も、それらと同様に、当該各普通貯金口座において行っていた。

　ハ　本件農協支店に開設された本件被相続人名義の普通貯金口座（口座番号○○○○）の平成24年4月23日から同年8月24日までの取引においては、同年7月19日に建物更生共済契約に係る共済掛金の支払が2回にわたり合計835,381円ある一方、平成25年4月1日から同年8月30日までの取引においては、建物更生共済契約に係る共済掛金の支払はなく、同年6月14日にP社の個人用火災総合保険契約に係る保険料149,160円及び○○○○の建物共済（火災共済）契約に係る共済掛金16,920円の各支払がある。

　　　そして、上記の個人用火災総合保険契約及び建物共済契約には、満期返戻金の支払や満期共済金の支払はなく、当該個人用火災総合保険契約に係る本件被相続人名義の申込書には、加入済みの他の保険契約として、○○○○の建物共済契約のみが記載されている。

　ニ　本件農協支店に開設された本件被相続人名義の普通貯金口座（口座番号○○○

— 45 —

○）の平成24年12月27日から平成25年6月17日までの取引においては、同年1月
23日に建物更生共済契約に係る共済掛金201,000円の支払が、同年6月14日にP社
に対する保険料96,500円及び○○○○の建物共済契約に係る共済掛金42,400円の
各支払がある。

　ホ　請求人が上記1の(3)のへにより本件税理士に預けた本件農協支店の本件被相続
人名義の各貯金通帳の中には、摘要欄に「建更」と表示された出金が記録され、
本件各共済契約に係る共済掛金の支払が確認できるものもあった。

(3)　検討

　イ　はじめに

　　(イ)　本件各権利が本件申告において申告漏れとなった原因としては、上記1の(3)
のホ及び上記(2)のイのとおり、請求人が本件税理士からの「損害保険はどうな
っていますか。」との質問に対して「共済は掛け捨てに移行している。」との回
答をし、本件税理士が、当該回答を受けて、本件被相続人の相続財産中に申告
すべき損害保険契約に関する権利はないものと誤解したこと、その後も、上記
1の(3)のへ及びトのとおり、請求人は本件税理士に本件証明書を提示すること
も、本件各権利があることを説明することもしなかったため、本件税理士が上
記の誤解をしたまま、本件申告書を作成したことによるものと考えられる。

　　(ロ)　上記の点について、請求人は、上記3の「請求人」欄の(2)のとおり、請求人
が、本件税理士による上記(イ)の質問を、損害保険の状況を問われたものと誤認
したため、上記(イ)のとおり回答をしたもので、その後も本件各共済契約につい
て説明しなかったのは、本件証明書を含めた全ての関係書類が本件税理士に提
出されているものと認識していたことによるものである旨主張し、これに対し
て、原処分庁は、上記3の「原処分庁」欄の(2)及び(3)のとおり、請求人は本件
各権利を本件相続税の課税財産として申告する必要があると認識しているにも
かかわらず、請求人が本件税理士に対して上記(イ)の回答をしたのは、故意によ
る虚偽の説明をしたものであり、その後も本件各権利の存在を本件税理士に伝
えていないのは、過少申告の意図を外部からもうかがい得る特段の行動に当た
り、上記(1)のとおり、重加算税の賦課要件が満たされる旨主張する。

　　(ハ)　そうすると、請求人による上記(イ)の回答が、請求人が本件税理士に対して故
意に虚偽の説明をしたものと認められるか否かは、請求人に通則法第68条第1

項に規定する隠蔽又は仮装の行為があったか否かを判断するに当たって重要な事実になると考えられることから、以下、この点について検討する。

ロ　請求人による回答が故意に虚偽の説明をしたものと認められるか否かについて

(イ)　本件税理士による上記イの(イ)の質問は、上記1の(3)のホのとおり、本件税理士が本件被相続人の相続財産の確認をするための聞き取りでなされた質問であり、本件税理士としては、本件被相続人の相続財産の中に申告すべき損害保険契約に関する権利があるかどうか、すなわち本件被相続人が本件相続開始日において満期返戻金や満期共済金の支払のある損害保険契約を締結していたかどうかを尋ねる趣旨で行ったものであると認められる。

　　　もっとも、本件税理士による上記の質問の文言のみからは、被質問者である請求人に上記趣旨であることが明示されているとは認められず、そのような趣旨を被質問者に明示せずに損害保険についてどうなっているかと質問した場合には、被質問者において、損害保険の状況一般についての質問であると誤解する可能性も否定できないことから、請求人が主張するように、請求人において、本件税理士による上記の質問の趣旨を取り違えて、損害保険の状況一般についての質問であると誤解していた可能性がある。

(ロ)　そして、上記(2)のロのとおり、共済掛金や保険料の支払は賃貸不動産ごとに開設された本件農協支店の本件被相続人名義の各普通貯金口座から行われていたところ、同ハのとおり、建物更生共済契約に係る共済掛金が支払われていた普通貯金口座においては、翌年の同一期間において建物更生共済契約に係る共済掛金の支払がなく、建物更生共済契約以外の保険料や共済掛金が支払われていること、同ハの個人用火災総合保険契約に係る本件被相続人名義の申込書において、加入済みの他の保険契約として○○○○の建物共済契約のみが記載されていることからすれば、当該口座に係る賃貸不動産の損害保険は、建物更生共済契約から掛け捨ての損害保険へと移行されたものといえる。

　　　また、上記(2)のニのとおり、平成25年1月23日に建物更生共済契約に係る共済掛金が支払われていた普通貯金口座において、同年6月14日には建物更生共済契約以外の保険料や共済掛金が支払われていることからすると、当該口座に係る賃貸不動産についても、建物更生共済契約から掛け捨ての損害保険へと移行された可能性がある。

上記のことからすれば、「共済は掛け捨てに移行している。」との請求人による回答は、必ずしも虚偽であるとまではいえない。

(ハ) さらに、上記(2)のホのとおり、請求人が本件申告書の作成のために本件税理士に預けた本件農協支店の本件被相続人名義の各普通貯金通帳の中には、摘要欄に「建更」と表示された出金が記録され、本件各共済契約に係る共済掛金の支払が確認できるものもあったことに照らすと、本件税理士が上記各普通貯金通帳を子細に確認すれば、本件各権利の存在に気付き、請求人にその事実照会等を行うことも考えられたことに鑑みると、請求人が本件税理士に対して、本件各共済契約、ひいては、本件各権利を秘匿しようという意図があったとまで認めることはできない。

(ニ) そうすると、請求人が、本件税理士からの「損害保険はどうなっていますか。」との質問を受けて、損害保険の状況一般についての質問であると誤解し、上記(ロ)の各賃貸物件の損害保険の状況を念頭において、「共済は掛け捨てに移行している。」との回答をした可能性を否定できず、請求人が本件税理士に対して故意に虚偽の説明をしたものと認めることはできない。

ハ 小括

以上のとおり、請求人による上記1の(3)のホの回答については、請求人が本件税理士に対して故意に虚偽の説明をしたものと認めることはできない。

そうすると、請求人が本件税理士に当該回答をした事実をもって、請求人が、当初から過少に申告することを意図し、その意図を外部からもうかがい得る特段の行動をしたと認めることはできず、他にこれに該当すべき事情も見当たらない。

したがって、請求人が本件申告において本件各権利を申告しなかったことについて、請求人に、通則法第68条第1項に規定する隠蔽又は仮装の行為があったということはできない。

(4) 原処分庁の主張について

原処分庁は、上記3の「原処分庁」欄のとおり、請求人は、本件各権利について財産的価値を認識していたと認められ、本件各権利を本件相続税の課税財産として申告する必要があると認識していたと認められるところ、本件申告に当たり、請求人は本件税理士から相続税額等の説明を複数回受けていることからすると、本件税理士が集計した財産に本件各権利が含まれていないことに気付かなかったとは認め

られず、請求人は、本件税理士に対し、本件各共済契約は掛け捨て型のものである
と説明し、本件税理士に本件相続税の課税財産として申告すべき損害保険金はない
との誤解を生じさせた上、本件税理士に本件各権利の存在を一切告げなかったこと
は著しく不自然であることなどが、当初から相続財産を過少に申告することを意図
し、その意図を外部からもうかがい得る特段の行動に当たる旨主張する。

　しかしながら、上記(3)のハのとおり、請求人が本件税理士に上記1の(3)のホの回
答をした事実をもって、請求人が、当初から過少に申告することを意図し、その意
図を外部からもうかがい得る特段の行動をしたとは認められない。また、上記(1)の
とおり、重加算税は、納税者に、隠蔽、仮装と評価すべき行為があることを賦課要
件としていることに鑑みると、上記(2)のイのとおり、請求人による上記の回答以後、
本件税理士が請求人に対して申告すべき損害保険契約に関する権利の有無について
尋ねることはなかったと認められる本件において、請求人が本件税理士に本件各権
利の存在を告げなかったことをもって、請求人の過少申告の意図を外部からもうか
がい得る特段の行動に当たると評価することはできない。

　したがって、原処分庁の主張には理由がない。

(5)　本件賦課決定処分の適法性について

　以上のとおり、請求人が本件申告において本件各権利を申告しなかったことにつ
いて、通則法第68条第1項に規定する隠蔽又は仮装の行為があったとは認められな
いから同項の重加算税の賦課要件を満たさない。他方、本件修正申告に基づき納付
すべき税額の計算の基礎となった事実のうちに、本件修正申告前の税額の計算の基
礎とされていなかったことについて、通則法第65条第4項第1号に規定する正当な
理由があるとは認められない。

　そして、当審判所において、請求人が納付すべき過少申告加算税の額を計算する
と○○○○円（別紙「取消額等計算書」の3参照）となる。

　したがって、本件賦課決定処分は、過少申告加算税相当額を超える部分の金額に
つき違法があるから、その一部を別紙「取消額等計算書」のとおり取り消すのが相
当である。

(6)　結論

　よって、審査請求は理由があるから、原処分の一部を別紙「取消額等計算書」の
とおり取り消すこととする。

別表1　本件各共済契約（省略）

別表2　審査請求に至る経緯（省略）


別紙　取消額等計算書（省略）

事例4 （重加算税　隠ぺい、仮装の認定　認めなかった事例　その他）

---

　隠蔽仮装行為の始期に関する請求人の申述は信用できず、そのほかに隠蔽仮装行為の始期を示す証拠や請求人によって隠蔽仮装行為がなされたことを示す証拠もないから、請求人に隠蔽仮装の行為があったとは認められないとして、**重加算税の賦課決定処分等を取り消した事例**（①平成24年分の所得税並びに平成25年分、平成26年分及び平成27年分の所得税及び復興特別所得税に係る過少申告加算税及び重加算税の各賦課決定処分、②平成24年1月1日から平成27年12月31日までの各課税期間の消費税及び地方消費税に係る重加算税の各賦課決定処分、③平成24年分の所得税並びに平成25年分、平成26年分及び平成27年分の所得税及び復興特別所得税の各更正の請求に対してされた更正をすべき理由がない旨の各通知処分、④平成24年1月1日から平成27年12月31日までの各課税期間の消費税及び地方消費税の各更正の請求に対してされた更正をすべき理由がない旨の各通知処分、⑤平成24年分の所得税並びに平成25年分、平成26年分及び平成27年分の所得税及び復興特別所得税の各修正申告の取消しを求める請求、⑥平成24年1月1日から平成27年12月31日までの各課税期間の消費税及び地方消費税の各修正申告の取消しを求める請求・①②全部取消し、一部取消し、③④棄却、⑤⑥却下・令和3年6月22日裁決）

《ポイント》

　本事例は、請求人の行った隠蔽仮装行為（伝票を意図的に廃棄し、売上金額を過少に記載した日計表の作成）の始期について、請求人が争う年分及び課税期間の初年である旨の請求人の申述は信用性がなく、そのほかに、始期が同年と認める証拠はなく、また、同年分及び同課税期間において、他に請求人が隠蔽仮装行為を行ったことを示す証拠がないとして、隠蔽又は仮装に該当する事実は認められないとしたものである。

---

《要旨》

　原処分庁は、請求人は、事業に係る正しい売上金額を把握していたにもかかわらず、真実の売上金額を記載した売上メモ及び伝票を意図的に廃棄し、売上金額を過少に記載した日計表を商工会に提示することにより、売上げの一部を故意に申告していなかった旨主張する。

しかしながら、請求人は、調査担当職員による質問の当初、隠蔽仮装行為の始期について、曖昧な申述にとどまっていたことなどからすれば、同始期に関して、明確な記憶を持っておらず、その記憶は曖昧なものであったと認められる。そして、隠蔽仮装行為の始期に関する請求人の申述は、自発的な申述をしたのではなく調査担当職員の教示に沿う形で申述した程度にすぎず、客観的事実とも整合せず、不自然であるともいえ、直ちに信用できない。また、そのほかに隠蔽仮装行為の始期を示す証拠や請求人によって隠蔽仮装行為がなされたことを示す証拠もないから、請求人に、国税通則法第68条《重加算税》第１項に規定する「隠蔽し、又は仮装し」に該当する事実があったとは認められない。

　また、隠蔽又は仮装の具体的事実や開始時期を特定できない本件において、他に何らかの偽計その他の工作を伴う不正の行為があったと認めるに足る証拠もないから、請求人には国税通則法第70条《国税の更正、決定等の期間制限》第４項に規定する「偽りその他不正の行為」に該当する事実があったとは認められない。

　さらに、更正の請求では、納税者側において売上金額が過大であることの立証をすべきであるところ、請求人から提出された資料等では、修正申告書に記載された売上金額が過大であるとは認められない。

《参照条文等》
　国税通則法第23条第１項、第68条第１項、第70条第４項

（令和 3 年 6 月22日裁決）

《裁決書（抄）》

# 1　事　実

## (1)　事案の概要

　　本件は、飲食業を営む審査請求人（以下「請求人」という。）が、原処分庁所属の調査担当職員の調査を受け、所得税等及び消費税等の各修正申告をしたところ、原処分庁が、請求人の過少申告には隠蔽又は仮装の事実があるとして、重加算税等の各賦課決定処分をしたのに対し、請求人が、隠蔽又は仮装の事実はないなどとして、同処分の一部の取消しを求め、その後、請求人が、当該各修正申告には計算誤りがあったとして各更正の請求をしたところ、原処分庁が、更正をすべき理由がない旨の各通知処分をしたのに対し、請求人が、同処分の一部の取消しを求めた事案である。

## (2)　関係法令

イ　国税通則法（以下「通則法」という。）第23条《更正の請求》第 1 項柱書及び同項第 1 号は、納税申告書を提出した者は、当該申告書に記載した課税標準等若しくは税額等の計算が国税に関する法律の規定に従っていなかったこと又は当該計算に誤りがあったことにより、当該申告書の提出により納付すべき税額が過大である場合には、当該申告書に係る国税の法定申告期限から 5 年以内に限り、税務署長に対し、その申告に係る課税標準等又は税額等につき更正をすべき旨の請求をすることができる旨規定している。

　　また、通則法第23条第 3 項は、更正の請求をしようとする者は、その請求に係る更正前の課税標準等又は税額等、当該更正後の課税標準等又は税額等、その更正の請求をする理由、当該請求をするに至った事情の詳細その他参考となるべき事項を記載した更正請求書を税務署長に提出しなければならない旨規定している。

ロ　通則法第65条《過少申告加算税》（平成28年法律第15号による改正前のもの。以下同じ。）第 1 項は、期限内申告書が提出された場合において、修正申告書の提出があったときは、当該納税者に対し、その修正申告に基づき通則法第35条《申告納税方式による国税等の納付》第 2 項の規定により納付すべき税額に100分の10の割合を乗じて計算した金額に相当する過少申告加算税を課する旨規定している。

ハ　通則法第68条《重加算税》（平成28年法律第15号による改正前のもの。以下同
　　じ。）第１項は、通則法第65条第１項の規定に該当する場合において、納税者が
　　その国税の課税標準等又は税額等の計算の基礎となるべき事実の全部又は一部を
　　隠蔽し、又は仮装し、その隠蔽し、又は仮装したところに基づき納税申告書を提
　　出していたときは、当該納税者に対し、過少申告加算税の額の計算の基礎となる
　　べき税額に係る過少申告加算税に代え、当該基礎となるべき税額に100分の35の
　　割合を乗じて計算した金額に相当する重加算税を課する旨規定している。

ニ　通則法第70条《国税の更正、決定等の期間制限》第１項柱書及び同項第１号は、
　　更正又は決定は、その更正又は決定に係る国税の法定申告期限から５年を経過し
　　た日以後においては、することができない旨規定し、同条第４項（平成27年法律
　　第９号による改正前のもの。以下同じ。）は、偽りその他不正の行為によりその
　　全部若しくは一部の税額を免れた国税（当該国税に係る加算税を含む。）につい
　　ての更正決定等は、同条第１項の規定にかかわらず、当該国税の法定申告期限か
　　ら７年を経過する日まですることができる旨規定している。

ホ　通則法第75条《国税に関する処分についての不服申立て》第１項柱書及び同項
　　第１号は、国税に関する法律に基づく処分で税務署長がした処分に不服がある者
　　は、国税不服審判所長に対する審査請求をすることができる旨規定している。

ヘ　国税通則法施行令第６条《更正の請求》第２項は、更正の請求をしようとする
　　者は、その更正の請求をする理由が課税標準たる所得が過大であることその他そ
　　の理由の基礎となる事実が一定期間の取引に関するものであるときは、その取引
　　の記録等に基づいてその理由の基礎となる事実を証明する書類（以下「更正請求
　　証明書類」という。）を上記イの更正請求書に添付しなければならない旨規定し
　　ている。

ト　所得税法第148条《青色申告者の帳簿書類》第１項は、青色申告者は、財務省
　　令で定めるところにより、事業所得を生ずべき業務につき帳簿書類を備え付けて、
　　これに事業所得の金額に係る取引を記録し、かつ、当該帳簿書類を保存しなけれ
　　ばならない旨規定している。

チ　租税特別措置法（平成30年法律第７号による改正前のもの。以下「措置法」と
　　いう。）第25条の２《青色申告特別控除》第３項は、青色申告書を提出すること
　　につき税務署長の承認を受けている個人で事業所得を生ずべき事業を営むものが、

所得税法第148条第１項の規定により、当該事業につき帳簿書類を備え付けてこれにその承認を受けている年分の事業所得の金額に係る取引を記録している場合（これらの所得の金額に係る一切の取引の内容を詳細に記録している場合として財務省令で定める場合に限る。）には、その年分の事業所得の金額は、同法第27条《事業所得》第２項の規定により計算した事業所得の金額から、650,000円又は同項の規定により計算した事業所得の金額のうちいずれか低い金額を控除した金額とする旨規定している。

(3) 基礎事実及び審査請求に至る経緯

当審判所の調査及び審理の結果によれば、以下の事実が認められる。

イ 請求人の概要

請求人は、平成20年頃から「Ｇ」という屋号で飲食業を営む個人事業主であり、青色申告の承認を受けていた。

以下、請求人が営む事業を「本件事業」という。

ロ 本件事業に係る帳簿書類等の作成の状況

(イ) 請求人は、本件事業に係る売上げについて、請求人又は従業員が、来店客の注文を受けた際、店内飲食に係る伝票（以下「本件伝票」という。）を作成した上、１日に２回程度、本件伝票の各売上金額を集計し、それを記載したメモ紙（以下「本件売上メモ」という。）を作成していた。そして、請求人は、本件売上メモ等を基として、本件事業の営業日ごとに売上げの金額、仕入れ等の支出額、現金残高等を記録するため日計表（以下「本件日計表」という。）を作成していた。

(ロ) 請求人は、本件事業に係る記帳事務をＨ商工会に委託し、本件日計表と本件事業で使用している請求人名義の預金通帳等を同商工会に持参して、総勘定元帳を作成（以下、本件事業に係る総勘定元帳を「本件元帳」という。）してもらい、所得税（平成25年分以降については所得税及び復興特別所得税。以下、所得税と所得税及び復興特別所得税とを区別せずに「所得税等」という。）並びに消費税及び地方消費税（以下「消費税等」という。）の各確定申告をしていた。

ハ 確定申告の状況

(イ) 請求人は、平成24年分から平成30年分まで（以下、平成24年分から平成26年

分までを「平成26年以前各年分」といい、平成26年以前各年分と平成27年分を
併せて「本件各年分」といい、平成28年分から平成30年分までを「平成28年以
降各年分」といい、本件各年分と平成28年以降各年分を併せて「平成30年以前
各年分」という。）の所得税等について、青色の各確定申告書に別表1の「確
定申告（青色申告）」欄のとおり記載し、いずれも法定申告期限までに申告し
た。

　なお、請求人は、平成30年以前各年分の所得税等の青色申告決算書において、
措置法第25条の2第3項に規定する青色申告特別控除（以下「本件特別控除」
という。）の金額をいずれも650,000円とした。

（ロ）　請求人は、平成24年1月1日から平成24年12月31日までの課税期間（以下
「平成24年課税期間」といい、他の課税期間についても同様に表記する。）から
平成30年課税期間まで（以下、平成24年課税期間から平成26年課税期間までを
「平成26年以前各課税期間」といい、平成26年以前各課税期間と平成27年課税
期間を併せて「本件各課税期間」といい、平成28年課税期間から平成30年課税
期間までを「平成28年以降各課税期間」といい、本件各課税期間と平成28年以
降各課税期間を併せて「平成30年以前各課税期間」という。）の消費税等につ
いて、各確定申告書に別表2の「確定申告」欄のとおり記載し、いずれも法定
申告期限までに申告した。

ニ　原処分庁所属の職員による調査の状況

（イ）　原処分庁所属の調査担当職員は、令和元年11月14日、請求人に対する調査に
着手した。

　以下、請求人に対する調査を「本件調査」といい、本件調査を行った原処分
庁所属の調査担当職員を「本件調査担当職員」という。

（ロ）　本件調査担当職員は、令和元年11月18日、請求人から、電話で、売上金額を
過少に申告している旨の連絡を受けたことから、同日及び同月19日の両日、請
求人とJ税務署において面談の上、請求人への質問調査を行い、質問と応答の
要旨を記録した質問応答記録書（以下「本件質問応答記録書」という。）を作
成した。

　本件質問応答記録書には、請求人は、平成24年から税負担を少しでも少なく
するために、麺1玉当たりの売上金額が高い本件伝票を複数枚選び、当該各伝

票に記載された金額を本件売上メモに記載していた金額から減算し、減算後の売上金額を本件日計表に記載する方法により、平成30年以前各年分の所得税等及び平成30年以前各課税期間の消費税等について、本件事業に係る売上金額を実際より少なくして申告した旨記載されていた。

　　以下、請求人が本件伝票から減算の対象として選んだ複数枚の伝票を「本件各減算伝票」という。

ホ　国税の予納

　　請求人は、令和元年11月19日、本件調査担当職員から、国税の予納の制度についての説明を受け、同月20日、原処分庁に対し、「国税の予納申出書」を提出し○○○○円を予納した。

　　また、本件調査担当職員は、令和元年12月4日、請求人と面談し、本件調査の経過の説明をしたところ、請求人は、同日、原処分庁に対し、「国税の予納申出書」を提出し○○○○円を予納した。

ヘ　修正申告書の提出に至る状況等

　㈤　本件調査担当職員は、令和元年12月13日、請求人に対し、通則法第74条の11《調査の終了の際の手続》第2項に規定する調査結果の内容の説明を行い、平成30年以前各年分の所得税等及び平成30年以前各課税期間の消費税等の各修正申告の勧奨を行った。

　　　上記の各修正申告の勧奨に際して、本件調査担当職員は、本件各減算伝票が請求人により既に廃棄されており、また、請求人からも売上除外の金額について、具体的な申述が得られなかったことから、本件調査開始前後の本件伝票や請求人の申述内容等を基に平成30年以前各年分の売上金額をそれぞれ算出した。

　㈥　請求人は、上記㈤の本件調査の結果の説明及び修正申告の勧奨を受け、令和元年12月13日、別表1の「修正申告」欄のとおり記載した平成30年以前各年分の所得税等の各修正申告書、別表2の「修正申告」欄のとおり記載した平成30年以前各課税期間の消費税等の各修正申告書にそれぞれ署名押印をして原処分庁に提出した。

　　　以下、本件各年分の所得税等の各修正申告と本件各課税期間の消費税等の各修正申告を併せて「本件各修正申告」といい、本件各修正申告に係る各修正申告書を「本件各修正申告書」という。また、平成28年以降各年分の所得税等及

び平成28年以降各課税期間の消費税等の各修正申告を併せて「平成28年以降各修正申告」といい、本件各修正申告と平成28年以降各修正申告を併せて「平成30年以前各修正申告」という。

さらに、本件各修正申告における、所得税等の各事業所得の金額の計算上、売上計上漏れとした額又は消費税等の課税売上高に算入した額を、以下「本件各修正売上額」という。

なお、請求人は、平成30年以前各年分の所得税等の各修正申告において、青色申告特別控除の金額をいずれも措置法第25条の2第1項に規定する100,000円とした。

ト　加算税の賦課決定処分

原処分庁は、令和元年12月26日付で、上記への(ロ)の平成30年以前各修正申告に対し、別表1及び別表2の各「賦課決定処分」欄のとおり、過少申告加算税及び重加算税の各賦課決定処分をした。

以下、本件各年分の所得税等に係る過少申告加算税及び重加算税の各賦課決定処分並びに本件各課税期間の消費税等に係る重加算税の各賦課決定処分を併せて「本件各賦課決定処分」といい、平成28年以降各年分の所得税等に係る過少申告加算税及び重加算税の各賦課決定処分と平成28年以降各課税期間の消費税等に係る重加算税の各賦課決定処分を併せて「平成28年以降各賦課決定処分」といい、本件各賦課決定処分と平成28年以降各賦課決定処分を併せて「平成30年以前各賦課決定処分」という。

チ　再調査の請求及び再調査決定

請求人は、令和2年3月12日、上記トの平成30年以前各賦課決定処分を不服として再調査の請求をしたところ、再調査審理庁は、令和2年6月30日付でいずれも棄却の再調査決定をした。

また、請求人は、上記の再調査の請求において、平成30年以前各修正申告について全部の取消しを求めたが、再調査審理庁は、令和2年6月30日付でいずれも却下の再調査決定をした。

リ　加算税の賦課決定処分等に対する審査請求

請求人は、令和2年7月17日、再調査決定を経た後の上記トの平成30年以前各賦課決定処分に不服があるとして、また、平成30年以前各修正申告の取消しを求

めて審査請求をした。

ヌ　更正の請求

(イ)　請求人は、令和2年8月19日、原処分庁に対し、平成30年以前各修正申告に
係る各修正申告書に記載した売上金額について計上漏れの事実はなかった、ま
た、事業所得の金額の計算上、請求人には本件特別控除の適用があるとして、
平成30年以前各年分の所得税等及び本件各課税期間の消費税等について、別表
1及び別表2の各「更正の請求」欄のとおりとすべき旨の各更正の請求をした。

以下、平成26年以前各年分の所得税等の各更正の請求と平成26年以前各課税
期間の消費税等の各更正の請求を併せて「平成26年以前各更正請求」といい、
平成27年分の所得税等の更正の請求と平成27年課税期間の消費税等の更正の請
求を併せて「平成27年各更正請求」といい、平成26年以前各更正請求と平成27
年各更正請求を併せて「本件各更正請求」といい、本件各更正請求と平成28年
以降各年分の所得税等の各更正の請求を併せて「平成30年以前各更正請求」と
いう。

なお、平成30年以前各更正請求に係る各更正の請求書には、更正請求証明書
類が添付されていなかった。

(ロ)　原処分庁は、請求人に対し、更正請求証明書類の提出を求めたところ、請求
人は、令和2年9月23日、「添付書類」と題する書面（以下「本件添付書類」
という。）を原処分庁に提出した。

ル　更正をすべき理由がない旨の通知処分

原処分庁は、令和2年11月9日付で、平成30年以前各更正請求に対し、更正を
すべき理由がない旨の各通知処分をした。

以下、これらの各通知処分のうち、平成27年各更正請求に対する更正をすべき
理由がない旨の各通知処分を「平成27年各通知処分」といい、平成26年以前各更
正請求に対する更正をすべき理由がない旨の各通知処分と平成27年各通知処分を
併せて「本件各通知処分」という。

ヲ　本件各通知処分に対する審査請求

請求人は、令和2年12月2日、本件各通知処分を不服として審査請求をした。

なお、請求人は、当審判所に対し、本件特別控除の適用に係る帳簿書類を備え
付けている証拠として、本件元帳を提出した。

ワ　審査請求の併合審理

　　当審判所は、令和３年１月13日付で、通則法第104条《併合審理等》第１項の規定により、上記ヲの審査請求を上記リの審査請求に併合審理をする。

カ　審査請求の一部取下げ

　　請求人は、令和３年２月16日、当審判所に対し、本件質問応答記録書における平成24年から本来の売上金額より少ない金額で申告していたとする旨の申述は、正しくは平成28年からであった旨答述し、上記リの審査請求において取消しを求めていた平成28年以降各賦課決定処分と平成28年以降各修正申告について、審査請求を取り下げた。

2　争　点

(1)　請求人には、通則法第23条第１項に規定する事由があるか否か（争点１）。

(2)　請求人の本件各年分の所得税等及び本件各課税期間の消費税等について、通則法第68条第１項に規定する「隠蔽し、又は仮装し」に該当する事実があったか否か（争点２）。

(3)　請求人に、通則法第70条第４項に規定する「偽りその他不正の行為」に該当する事実があったか否か（争点３）。

3　争点についての主張

(1)　争点１（請求人には、通則法第23条第１項に規定する事由があるか否か。）について

| 請求人 | 原処分庁 |
|---|---|
| 　次のとおり、請求人には、通則法第23条第１項に規定する事由がある。<br>イ　本件各更正請求について<br>　　本件各修正申告は、原処分庁が本件質問応答記録書での請求人の申述などを基に本件各修正売上額を計算し、請求人はこれに従い本件各修正申告をしたものであるところ、本件質問応答記録書は、罪の意識や緊張で混乱し、ゆ | 　次のとおり、請求人には、通則法第23条第１項に規定する事由はない。<br>イ　本件各更正請求について<br>　　平成26年以前各更正請求は、通則法第23条第１項において更正の請求を行うことができる期間として規定する「当該申告書に係る国税の法定申告期限から５年以内」を徒過していることから、同項に規定する更正の請求がで |

っくり思い出す余裕もなく、曖昧な記憶の中での請求人の申述を基に作成されており、真実が記録されておらず、請求人が修正申告した本件各修正売上額について計上漏れの事実はない。

また、請求人は、本件各修正申告の内容が真実に反するものであることを口頭で説明するとともに、本件添付書類を提出しており、本件各修正申告には、課税標準等又は税額等の計算に誤りがあり、納付すべき税額が過大となっていることは明らかである。

なお、平成26年以前各年分の所得税等及び平成26年以前各課税期間の消費税等の各修正申告（以下、これらの各修正申告を併せて「平成26年以前各修正申告」という。）は、原処分庁が一方的に誤った内容の修正申告書を作成し、加算税の賦課決定処分と一体として行った処分であるから、平成26年以前各更正請求について、通則法第23条第1項に規定する更正の請求ができる期間の経過が問題とはならない。

ロ　本件特別控除の適用について

上記イのとおり、請求人には、本件各修正売上額について計上漏れの事実はないのであり、日々の取引記録を基に帳簿書類を作成し、一切の取引が記録された帳簿書類を基に貸借対照表及

きる場合に該当しない。

また、平成27年分の所得税等及び平成27年課税期間の消費税等の各修正申告書（以下、これらの各修正申告書を併せて「平成27年各修正申告書」という。）は、いずれも請求人から提出されたものであるところ、請求人は、その記載した修正売上額に計上漏れがなかったとすることについて、更正請求証明書類の提出をせず、これが真実に反するものであることを具体的に立証していないのであるから、平成27年各更正請求には、いずれも更正すべき理由はない。

ロ　本件特別控除の適用について

請求人は、更正の請求において、青色申告特別控除の額に誤りがあるとすることについて、更正請求証明書類の提出をせず、本件特別控除の要件を満たすことを具体的に立証していないの

| | |
|---|---|
| び損益計算書を作成して確定申告書に添付し提出しているのであるから、本件特別控除の適用がある。 | であるから、本件特別控除の適用はない。 |

(2) 争点2（請求人の本件各年分の所得税等及び本件各課税期間の消費税等について、通則法第68条第1項に規定する「隠蔽し、又は仮装し」に該当する事実があったか否か。）について

| 原処分庁 | 請求人 |
|---|---|
| イ　請求人は、本件各年分の店内飲食に係る売上げについて、本件伝票を集計し、本件売上メモを作成することにより、正しい売上金額を把握していた。<br>　それにもかかわらず、請求人は、経営が軌道に乗り始めた平成24年から本件調査に至るまで、本件売上メモに記載した売上金額を本件日計表へ転記する際、初めから過少申告をする意図をもって、本件各減算伝票に係る売上金額を減算し、過少な売上金額を本件日計表に記載し、真実の売上金額を記載した本件売上メモ及び本件各減算伝票を意図的に廃棄した。そして、請求人は、売上金額を過少に記載した本件日計表をH商工会に提示することにより、課税標準等及び税額等が過少な各確定申告書を作成し、提出したことにより、本件各年分の店内飲食に係る売上げの一部を故意に申告していなかったのであり、これらの行為は、通則法 | 本件各年分及び本件各課税期間において、売上計上漏れの事実はなく、また、請求人には、通則法第68条第1項に規定する「隠蔽し、又は仮装し」に該当する事実もない。 |

| | |
|---|---|
| 　第68条第1項に規定する「隠蔽し、又は仮装し」に該当する。<br>ロ　また、請求人は、本件各年分及び本件各課税期間において隠蔽仮装行為を行っていることを認め、自らの意思に基づき、本件各修正申告書に署名押印し提出している。 | |

(3)　争点3（請求人に、通則法第70条第4項に規定する「偽りその他不正の行為」に該当する事実があったか否か。）について

| 原処分庁 | 請求人 |
|---|---|
| 　上記(2)の「原処分庁」欄のとおり、請求人は、本件各年分及び本件各課税期間において、売上金額を意図的に過少に申告し、その売上げに係る書類を意図的に廃棄していたと認められるから、このことは税額を免れる意図の下に税の賦課徴収を不能又は著しく困難にするような偽計その他の工作に該当する。<br>　したがって、請求人には、通則法第70条第4項に規定する「偽りその他不正の行為」に該当する事実がある。 | 　上記(2)の「請求人」欄に記載した事情に照らせば、請求人には、通則法第70条第4項に規定する「偽りその他不正の行為」に該当する事実はない。 |

4　当審判所の判断

(1)　争点1（請求人には、通則法第23条第1項に規定する事由があるか否か。）について

　イ　平成26年以前各更正請求について

　　(イ)　平成26年以前各年分の所得税等の各法定申告期限は、それぞれ平成25年3月15日、平成26年3月17日及び平成27年3月16日であり、平成26年以前各課税期間の消費税等の各法定申告期限は、それぞれ平成25年4月1日、平成26年3月

31日及び平成27年3月31日である。

　　そうすると、平成26年以前各更正請求は、上記1の(3)のヌの(イ)のとおり、い
　ずれも令和2年8月19日にされたものであり、通則法第23条第1項に規定する
　更正の請求ができる期間（国税の法定申告期限から5年）を経過した後にされ
　たことは明らかであるから、その他について判断するまでもなく不適法である。
(ロ)　そして、請求人は、平成26年以前各更正申告は、原処分庁が一方的に誤った
　内容の修正申告書を作成し、加算税の賦課決定処分と一体として行った処分で
　あるから、平成26年以前各更正請求について、通則法第23条第1項に規定する
　更正の請求ができる期間の経過が問題とはならない旨主張する。

　　しかし、修正申告を含めた納税申告は、いわゆる私人の公法行為であって、
　行政庁の公権力の行使ではないから、通則法第75条第1項柱書及び同項第1号
　に規定する「国税に関する法律に基づく処分」の対象となる処分には当たらな
　い。

　　また、上記1の(3)のホ及びへのとおり、請求人は、修正申告により納付すべ
　き税額を予納した上、本件調査の結果の説明の際、本件調査担当職員から、調
　査額や確定申告の内容を是正する必要がある旨説明されたため、平成26年以前
　各修正申告を含む平成30年以前各修正申告に係る各修正申告書に署名押印をし
　たことが認められ、請求人が自らの意思で任意に修正申告を行ったことは明ら
　かであるから、原処分庁が一方的に誤った内容の修正申告書を作成した事実を
　認めることはできない。

　　したがって、この点に関する請求人の主張には理由がない。

ロ　平成27年各更正請求について

(イ)　法令解釈

　　通則法第23条第3項及び国税通則法施行令第6条第2項の規定によれば、更
　正の請求をする納税者側において、その更正の請求をする理由や更正請求証明
　書類などを提出等しなければならないとされているところ、納税義務者が一旦
　申告書を提出した以上、その申告内容が真実に反するものであるとの主張・立
　証がない限り、その申告内容をもって正当なものと認めるのが相当である。そ
　うすると、更正の請求の調査手続において、納税者において申告内容が真実に
　反するものであることの主張立証をしない限り、税務署長としては、その納税

者の提出した申告書に記載された所得金額等をそのまま正当なものとして、真
実の所得金額まで認定することを要しないと解される。

(ロ)　認定事実

　　　請求人提出資料、原処分関係資料並びに当審判所の調査及び審理の結果によ
　　れば、以下の事実が認められる。

　A　本件添付書類は、平成27年各更正請求をした後に請求人が作成したもので
　　　あり、要旨、以下のとおり請求人の主張等が記載されている。

　　(A)　本件各年分及び本件各課税期間において、本件各修正売上額のような計
　　　　上漏れはない。

　　(B)　本件調査担当職員による本件調査の結果説明は、全く理解できなかった。

　　(C)　相談もできず、間違えた後ろめたい気持ちもあったので修正申告してし
　　　　まった。

　　(D)　後から考えると、平成28年以降各年分は売上げが漏れていたかもしれな
　　　　いが、本件各年分及び本件各課税期間は正しく申告していた。

　B　上記1の(3)のヲのとおり、請求人は、当審判所に対し、本件特別控除の適
　　　用に関する証拠として本件元帳を提出したが、本件元帳に記載された事実を
　　　裏付ける証拠を提出していない。

(ハ)　平成27年各修正申告書に記載された売上金額及び課税売上高について

　A　検討

　　　　上記1の(3)のヌの(イ)のとおり、請求人は、平成27年各更正請求をした時点
　　　において、平成27年各更正請求に係る更正の請求書に更正請求証明書類を添
　　　付しておらず、その後も、上記(ロ)のAを記載内容とする本件添付書類を提出
　　　するのみであった。そのため、原処分庁において、平成27年各修正申告書に
　　　記載された売上金額（課税売上高を含む。以下、(ハ)において同じ。）の計算
　　　が国税に関する法律の規定に従っていなかったこと又は当該計算に誤りがあ
　　　ったことにより平成27年各修正申告書の提出により納付すべき税額が過大で
　　　あるとする事実の存在を認めることはできないし、他にその存在を推認させ
　　　る証拠もないから、原処分庁が平成27年各修正申告書に記載された課税標準
　　　等又は税額等をもって正当なものと認めたことは相当であるといえる。

　　　　なお、当審判所の調査及び審理の結果によっても、平成27年各修正申告書

に記載された売上金額が過大であるとは認められない。

B　請求人の主張について

　　請求人は、上記３の(1)の「請求人」欄のイのとおり、本件質問応答記録書は、罪の意識や緊張で混乱し、ゆっくり思い出す余裕もなく、曖昧な記憶の中での申述を基に作成されており、真実が記録されていないから、このような本件質問応答記録書を基に作成された平成27年各修正申告書について、計上漏れの事実はない旨主張する。

　　しかしながら、更正の請求では、納税者側において申告した売上金額が過大であることの立証をすべきであるところ、上記Ａのとおり、請求人から提出された証拠では、平成27年各修正申告書に記載された売上金額が過大であるとは認められない。

　　したがって、この点に関する請求人の主張には理由がない。

㈡　本件特別控除の適用について

A　検討

　　本件特別控除の適用要件について、措置法第25条の２第３項は、青色申告の承認を受けている個人で事業所得を生ずべき事業を営むものが、所得税法第148条第１項の規定により、当該事業につき帳簿書類を備え付けてこれにその承認を受けている年分の事業所得の金額に係る一切の取引の内容を詳細に記録している場合である旨規定している。

　　これを本件についてみると、請求人は、上記１の(3)のヌの(イ)のとおり、平成27年各更正請求に係る更正の請求書に更正請求証明書類を添付しておらず、その後も、上記(ロ)のＡのとおり、請求人の主張等のみを記載した本件添付書類を提出していただけであった。そのため、請求人が帳簿書類を備え付け、その帳簿書類に平成27年分の本件事業に係る一切の取引の内容を詳細に記録していたという事実の存在を認めることはできず、他にその存在を推認させる証拠もないから、原処分庁が平成27年分の所得税等の修正申告書に記載の青色申告特別控除の額をもって正当なものと認めたことは相当である。

　　なお、請求人は、上記(ロ)のＢのとおり、当審判所に対して、本件特別控除の適用を証明する証拠として本件元帳を提出したところである。

　　しかし、請求人は、本件元帳に記載のある取引の基となる資料等を提出せ

ず、また、当審判所の調査及び審理の結果を踏まえても、請求人が平成27年分の事業所得の金額に係る一切の取引の内容を詳細に記録していたという事実の存在を認めることはできないから、平成27年分の所得税等の修正申告において本件特別控除は適用できない。

B 請求人の主張について

請求人は、上記3の(1)の「請求人」欄のロのとおり、日々の取引記録で帳簿書類を作成し、一切の取引が記録されたその帳簿書類を基に貸借対照表及び損益計算書を作成して確定申告書に添付し提出しているのであるから、本件特別控除が適用できる旨主張する。

しかしながら、請求人の平成27年分の本件元帳に、請求人の事業所得の金額に係る一切の取引の内容が詳細に記録されているとは認められないことは、上記Aのとおりである。

したがって、この点に関する請求人の主張には理由がない。

(ホ) 小括

上記(ハ)のA及び(ニ)のAのとおり、平成27年各修正申告書における課税標準等及び税額等に、それぞれ誤りがあるとは認められないことから、平成27年各更正請求につき、請求人には、通則法第23条第1項に規定する事由があるとは認められない。

(2) 争点2（請求人の本件各年分の所得税等及び本件各課税期間の消費税等について、通則法第68条第1項に規定する「隠蔽し、又は仮装し」に該当する事実があったか否か。）について

イ 請求人の申述の信用性について

請求人が、本件調査以前、本件日計表の作成に際して、初めから過少申告の意図をもって、本件各減算伝票を廃棄することにより本件事業での売上げの一部を意図的に除外し、実際の売上金額よりも過少な金額が記載された本件日計表を作成していたこと（以下「本件隠蔽仮装行為」という。）について、原処分庁、請求人ともに争いはない。

他方、原処分庁は、上記3の(2)の「原処分庁」欄のとおり、本件質問応答記録書の請求人の申述に基づき、本件隠蔽仮装行為の始期が平成24年からであると主張するのに対し、請求人は、上記1の(3)のカ及び上記3の(1)及び(2)の「請求人」

欄のとおり、本件質問応答記録書の申述の信用性を争う趣旨と解される主張をするので、以下、請求人の申述の信用性について検討する。

(イ) 本件質問応答記録書記載の申述内容

本件質問応答記録書によれば、請求人は、本件調査担当職員に対し、要旨、以下のとおり申述した。

A　全ての営業日について、以前より令和元年11月12日まで、私は、本件売上メモに正確な売上金額を記載しているにもかかわらず、その金額によらず、本件各減算伝票に記載された売上金額を本件売上メモに記載している金額から減算し、減算後の売上金額を本件日計表に記載していた。

B　本件売上メモは、本件日計表に金額を記載した時点で店舗のごみ箱に捨て、本件各減算伝票は、自宅へ持って帰り、自室のごみ箱に捨てていた。

C　1日の店舗内での飲食に係る売上金額の3％から5％を目安として売上金額を少なくして申告していた。

D　平成20年に開業してからしばらくの間は、きちんと申告しても売上げが少なく所得税が発生していなかったが、経営が軌道に乗り始めた平成24年から税負担を少しでも少なくするために、売上金額を過少に申告していた。

(ロ) 本件調査担当職員の答述（本件隠蔽仮装行為の始期に関する請求人の申述の経緯について）

本件調査担当職員は、当審判所に対し、要旨、以下のとおり答述した。

本件調査担当職員が、上記(イ)の本件質問応答記録書を作成する際、請求人に対し、本件隠蔽仮装行為の始期について尋ねたところ、請求人は経営が軌道に乗り始めた頃である旨の回答をした。そのため、本件調査担当職員は、一旦、請求人の過去の所得税等の申告事績を確認して、請求人が平成24年分から所得税等を納税していることを確認した。そして、本件調査担当職員は、改めて翌日、請求人に対し、経営が軌道に乗り始めた頃とはいつからかと具体的に尋ねたところ、請求人は、税金を納め始めた頃だと申述したため、請求人が税金を納め始めた時期を平成24年からであることを請求人に確認させて上記(イ)のDの質問応答記録書を作成するに至った。

(ハ) 請求人の申述の信用性の検討

A　請求人は、上記(イ)のDとおり、平成24年から本件隠蔽仮装行為を開始した

旨申述する。

　　しかしながら、上記㋺の本件調査担当職員の答述は、請求人が本件隠蔽仮
装行為の始期を申述した経緯を具体的かつ詳細に答述するものであり、特に
信用性を疑う点がないことからその答述内容どおりの事実が認められる。そ
うすると、請求人は、本件調査担当職員による質問の当初、本件隠蔽仮装行
為の始期について、経営が軌道に乗り始めた頃である旨の曖昧な申述をする
にとどまり、その始期を明確に答えることができなかったというのであるか
ら、請求人は本件隠蔽仮装行為の始期に関して、そもそも明確な記憶を持っ
ておらず、その記憶は曖昧なものであったと認められる。そして、上記㋺に
述べた経緯からすれば、請求人が平成24年から納税を開始した旨の申述は、
自発的な申述をしたのではなく本件調査担当職員の教示に沿う形で申述した
程度にすぎないものというべきである。

　B　そして、本件では、請求人が本件事業に係る所得税等について平成24年分
　　から納税をしているとすれば、本件隠蔽仮装行為の始期とされる「本件事業
　　の経営が軌道に乗り始めた頃」及び「税金を納め始めた頃」とは、早くても
　　平成24年分のH商工会の指導に基づく決算や確定申告が終了し、所得税等の
　　税額が確定する平成25年以降を指すと考えるのが自然であるのに、請求人が
　　本件質問応答記録書において、これを平成24年からと申述しているのは、客
　　観的事実とも整合せず、不自然であるともいえる。

　C　さらに、原処分庁提出の証拠及び当審判所の調査の結果によっても、本件
　　隠蔽仮装行為の始期が平成24年であるとする申述について、その内容を裏付
　　けるそのほかの証拠も存在しない。

　D　したがって、上記の各事情を併せ考えれば、本件質問応答記録書のうち、
　　本件隠蔽仮装行為の始期に関する申述の信用性は必ずしも高いと評価するこ
　　とはできず、また、当審判所の調査の結果を踏まえても本件隠蔽仮装行為の
　　始期を平成24年であると認めることはできない。

ロ　小括

　　以上のとおり、上記イの(イ)のDの本件隠蔽仮装行為の始期に関する請求人の申
　述は直ちに信用できず、また、そのほかに本件隠蔽仮装行為の始期が平成24年か
　らであると認めることができる証拠もないから、平成24年から本件隠蔽仮装行為

が始まったとする事実を認めることができない。また、当審判所の調査の結果を踏まえても、請求人が争っている本件各年分及び本件各課税期間において、他に請求人によって本件隠蔽仮装行為がなされたことを示す証拠もないから、請求人に、通則法第68条第1項に規定する「隠蔽し、又は仮装し」に該当する事実があったとは認められない。

ハ　原処分庁の主張について

(イ)　原処分庁は、上記3の(2)の「原処分庁」欄のイのとおり、請求人は、本件各年分において、本件事業に係る正しい売上金額を把握していたにもかかわらず、真実の売上金額を記載した本件売上メモ及び本件各減算伝票を意図的に廃棄し、売上金額を過少に記載した本件日計表をH商工会に提示することにより、売上げの一部を故意に申告していなかった旨主張する。

　　しかしながら、本件各年分及び本件各課税期間において、請求人に、通則法第68条第1項に規定する「隠蔽し、又は仮装し」に該当する事実があったと認められないことは、上記ロのとおりである。

　　したがって、この点に関する原処分庁の主張には理由がない。

(ロ)　また、原処分庁は、上記3の(2)の「原処分庁」欄のロのとおり、請求人は、本件各年分及び本件各課税期間において本件隠蔽仮装行為を行っていることを認め、自らの意思に基づき、本件各修正申告書に署名押印し提出している旨主張する。

　　しかしながら、請求人は、当審判所に対し、上記イの(イ)のDの申述をした理由として、本件調査担当職員から重加算税の賦課対象期間の説明を受ける中で、不正をしていない部分があったとしても、7年間は税金の上で罰を受けるものだと思い、平成24年から本件隠蔽仮装行為を認めた本件質問応答記録書に署名押印をしたのは、罪の意識や緊張で混乱していたので、内容については頭にきちんと入らず、本件質問応答記録書に署名押印をするものだと思っていた旨答述する。この点、少なくとも本件においては、本件質問応答記録書の作成時を含む本件調査全般にわたって、税理士等専門家の助言を受けていなかったのであるから、税務に対する知識のない請求人が、その答述するような心理状態の下での申述や勘違いをするおそれがなかったとも言い切れないのであって、請求人の上記の答述を、直ちに不合理なものとすることはできない。

したがって、この点に関する原処分庁の主張には理由がない。

(3)　争点3（請求人に、通則法第70条第4項に規定する「偽りその他不正の行為」に
該当する事実があったか否か。）について

イ　法令解釈

通則法第70条は、国税の更正、決定等の期間制限を定めているところ、同条第
4項において「偽りその他不正の行為」によりその全部若しくは一部の税額を免
れた国税についての更正決定等の除斥期間を7年と規定し、それ以外の場合より
も長い除斥期間を規定している。これは、偽りその他不正の行為によって国税の
全部又は一部を免れた納税者がある場合に、これに対して適正な課税を行うこと
ができるよう、より長期の除斥期間を規定したものである。

このような通則法第70条第4項の趣旨からすれば、同項が規定する「偽りその
他不正の行為」とは、税の賦課徴収を不能又は著しく困難にするような何らかの
偽計その他の工作を伴う不正な行為をいうものと解するのが相当である。

ロ　当てはめ

上記(2)のとおり、本件各年分及び本件各課税期間の請求人の行為について、通
則法第68条第1項の規定の要件（隠蔽又は仮装）を充足していないものと認めら
れるところ、隠蔽又は仮装の具体的事実や開始時期を特定できない本件にあって、
他に何らかの偽計その他の工作を伴う不正の行為があったと認めるに足る証拠も
ない。

したがって、所得税等及び消費税等の申告について、通則法第70条第4項に規
定する「偽りその他不正の行為」に該当する事実があったとは認められない。

ハ　原処分庁の主張について

原処分庁は、上記3の(3)の「原処分庁」欄のとおり、請求人は、本件各年分及
び本件各課税期間において、売上金額を意図的に過少に申告し、その売上げに係
る書類を意図的に廃棄していたと認められるから、このことは税額を免れる意図
の下に、税の賦課徴収を不能又は著しく困難にするような偽計その他の工作に該
当する旨主張する。

しかしながら、請求人に、通則法第70条第4項に規定する「偽りその他不正の
行為」があったと認められないことは、上記ロのとおりである。

したがって、この点に関する原処分庁の主張には理由がない。

⑷　原処分の適法性について

　イ　本件各通知処分の適法性について

　　㈠　上記⑴のイの㈠のとおり、平成26年以前各更正請求は、更正の請求ができる
　　　　期間を経過した後にされた不適法なものである。

　　㈡　上記⑴のロの㈤のとおり、平成27年各更正請求は、通則法第23条第1項に規
　　　　定する更正の請求ができる場合に該当しない。

　　　　　また、平成27年各通知処分のその他の部分については、請求人は争わず、当
　　　　審判所に提出された証拠資料等によっても、平成27年各通知処分を不相当とす
　　　　る理由は認められない。

　　㈢　したがって、本件各通知処分は、いずれも適法である。

　ロ　本件各賦課決定処分の適法性について

　　㈠　通則法の規定について

　　　　　通則法第65条第5項は、修正申告書の提出があった場合において、その提出
　　　　が、その申告に係る国税についての調査があったことにより当該国税について
　　　　更正があるべきことを予知してされたものでないときは、同条第1項の規定は
　　　　適用しない旨規定している。

　　　　　一方、国税の納付すべき税額を増加させる更正について、通則法第70条第1
　　　　項柱書及び同項第1号は、期限内申告書が提出されているものについては、そ
　　　　の更正に係る国税の法定申告期限から5年を経過した日以後においてはするこ
　　　　とができない旨規定し、また、同条第4項は、「偽りその他不正の行為により
　　　　その全部若しくは一部の税額を免れた」国税についての更正は、その更正に係
　　　　る国税の法定申告期限から7年を経過する日まですることができる旨規定して
　　　　いる。

　　㈡　平成24年分及び平成25年分の所得税等に係る過少申告加算税及び重加算税の
　　　　各賦課決定処分の適法性について

　　　　　上記⑶のロのとおり、請求人に偽りその他不正の行為は認められない。

　　　　　そうすると、上記㈠のとおり、請求人の平成24年分及び平成25年分の所得税
　　　　等については、それぞれ法定申告期限から5年を経過した日以後は納付すべき
　　　　税額を増加させる更正をすることはできないこととなるので、請求人の平成24
　　　　年分及び平成25年分の所得税等に係る各修正申告書の提出は、通則法第65条第

5項に規定する「更正があるべきことを予知してされたものでないとき」に該当するものと認められる。

　したがって、平成24年分及び平成25年分の所得税等に係る過少申告加算税及び重加算税の各賦課決定処分は、その全部を取り消すのが相当である。

㈏　平成26年分及び平成27年分の所得税等に係る過少申告加算税及び重加算税の各賦課決定処分の適法性について

　上記(2)のとおり、請求人に隠蔽又は仮装の行為は認められず、重加算税の賦課決定処分をしたことは相当ではない。

　他方、上記イのとおり、平成26年分及び平成27年分の所得税等の各更正の請求に対する更正をすべき理由がない旨の各通知処分はいずれも適法であり、修正申告により納付すべき税額の基礎となった事実が当該修正申告前の税額の基礎とされていなかったことについて、通則法第65条第4項に規定する正当な理由があるとは認められないから、過少申告加算税の賦課要件は満たしていることになる。

　したがって、平成26年分及び平成27年分の所得税等について、過少申告加算税の各賦課決定処分はいずれも適法であるところ、重加算税の各賦課決定処分は、別紙3及び別紙4の「取消額等計算書」のとおり、それぞれ過少申告加算税相当額を超える部分の金額につき取り消すのが相当である。

㈐　平成24年課税期間及び平成25年課税期間の消費税等に係る重加算税の各賦課決定処分の適法性について

　上記(3)のロのとおり、請求人に偽りその他不正の行為は認められない。

　そうすると、上記㈎のとおり、請求人の平成24年課税期間及び平成25年課税期間の消費税等については、それぞれ法定申告期限から5年を経過した日以後は納付すべき税額を増加させる更正をすることはできないこととなるので、請求人の平成24年課税期間及び平成25年課税期間の消費税等の各修正申告書の提出は、通則法第65条第5項に規定する「更正があるべきことを予知してされたものでないとき」に該当するものと認められる。

　したがって、平成24年課税期間及び平成25年課税期間の消費税等に係る重加算税の各賦課決定処分は、その全部を取り消すのが相当である。

㈑　平成26年課税期間及び平成27年課税期間の消費税等に係る重加算

決定処分の適法性について

　上記(2)のとおり、請求人に隠蔽又は仮装の行為は認められず、重加算税の賦課決定処分をしたことは相当ではない。

　他方、上記イのとおり、平成26年課税期間及び平成27年課税期間の消費税等の各更正の請求に対する更正をすべき理由がない旨の各通知処分はいずれも適法であり、修正申告により納付すべき税額の基礎となった事実が当該修正申告前の税額の基礎とされていなかったことについて、通則法第65条第4項に規定する正当な理由があるとは認められないから、過少申告加算税の賦課要件は満たしていることになる。

　したがって、平成26年課税期間及び平成27年課税期間の消費税等に係る重加算税の各賦課決定処分は、別紙5及び別紙6の「取消額等計算書」のとおり、過少申告加算税相当額を超える部分の金額につき取り消すのが相当である。

　なお、別紙5の「取消額等計算書」の「加算税の額の計算」の「重加算税」欄の「原処分の額」欄の「加算税の基礎となる税額」欄の金額（○○○○円）は、請求人が平成26年課税期間の消費税等の修正申告により納付すべき税額（○○○○円）のうち、平成26年課税期間の消費税等の重加算税の賦課決定処分において重加算税の対象とされた税額（○○○○円）について、通則法第118条《国税の課税標準の端数計算等》第3項の規定により10,000円未満の端数金額を切り捨てた後の金額であり、同「加算税の額の計算」の「過少申告加算税」欄の「裁決後の額」欄の「加算税の基礎となる税額」欄の金額（○○○○円）は、請求人が平成26年課税期間の消費税等の修正申告により納付すべき税額（○○○○円）について、同項の規定により10,000円未満の端数金額を切り捨てた後の金額である。

(5)　その他の審査請求の対象について

　請求人は、本件各修正申告は、原処分庁が一方的に作成し、本件各賦課決定処分を一体として行われた処分であるとして、その取消しを求めているが、修正申告が通則法第75条第1項に規定する国税に関する法律に基づく処分に当たらないのは上記(1)のイの(ロ)のとおりであるから、その他の審査請求の対象について取消しを求める部分の審査請求は、いずれもその対象となる処分の存在を欠く不適法なものである。

(6) 結論

　　よって、審査請求のうち、その他の審査請求の対象は不適法であるからこれらを却下することとし、本件各通知処分について取消しを求める部分の審査請求は理由がないから棄却することとし、その他の部分には理由があるから、その全部又は一部を取り消すこととする。

別表1　審査請求に至る経緯及び内容（所得税等）（省略）

別表2　審査請求に至る経緯及び内容（消費税等）（省略）


別紙1　（省略）

別紙2　（省略）

別紙3から6　取消額等計算書（省略）

# 二　所得税法関係

〈令和3年4月〜6月分〉

**事例5 （同業者率を用いた推計の合理性）**

---

　推計による所得税等の課税処分について、原処分庁による推計の必要性が認められ、また、推計の合理性があるとした事例（①平成28年分以降の所得税の青色申告の承認取消処分、②平成27年分から平成29年分までの所得税及び復興特別所得税の各更正処分並びに過少申告加算税の各賦課決定処分、③平成27年1月1日から平成27年12月31日までの課税期間の消費税及び地方消費税の更正処分並びに過少申告加算税の賦課決定処分、④平成28年1月1日から平成29年12月31日までの各課税期間の消費税及び地方消費税の各更正処分・①③④棄却、②一部取消し・令和3年6月23日裁決）

《ポイント》
　本事例は、原処分庁の同業者率による推計方法について、①推計基礎の正確性、②推計方法の最適性及び③推計方法の客観性があり、推計の合理性があるとしたが、類似同業者の一部の減価償却費や必要経費の算定における計算誤りがあったため、更正処分の一部を取り消すのが相当であるとした事例である。

---

《要旨》
　請求人は、請求人の総勘定元帳により、請求人の所得金額を実額で計算することができ、推計の必要性がない旨、また、原処分庁による推計方法は合理性がない旨主張する。

　しかしながら、請求人が提出した資料では実額で計算することはできず、本件には推計の必要性があったと認めるのが相当である。

　また、推計方法については、原処分庁は、請求人の各年分の総収入金額に類似同業者の平均必要経費率（同業者比率）を用いる方法により請求人の事業所得の金額を算出しているところ、①同業者比率による推計方法については、一般に、業種・業態が類似する同業者にあっては、特段の事情がない限り、経験則上、同程度の同収入金額に対し、同程度の所得が得られると考えられており、請求人の営む事業の場合であっても例外でなく、本件において請求人に特段の事情があるとは認められないこと、②推計の基礎となる総収入金額は正確に把握されていること、③抽出基準に合理性がある上、類似同業者の抽出過程において課税庁の恣意や思惑が介在していないこと、及び④抽出件数も類似同業者の平均値を求める上で合理的であることが認められる。したがって、原処分庁

による推計については、抽出した類似同業者の一部の者の減価償却費や必要経費の算定における計算誤りの部分を除いて、合理性があると判断するのが相当である。

《参照条文等》

　所得税法第156条

（令和3年6月23日裁決）

《裁決書（抄）》

1　事　実

(1)　事案の概要

　　本件は、原処分庁が、内装工事業を営む審査請求人（以下「請求人」という。）に対し、調査において請求人が帳簿書類を提示しなかったとして青色申告の承認を取り消した上で、請求人の事業所得の金額を推計の方法により算定して所得税等に係る更正処分等をしたところ、請求人が、青色申告の承認の取消事由はなく、推計の方法による算定は必要性も合理性もないなどとして、原処分の全部の取消しを求めた事案である。

(2)　関係法令

　　イ　所得税法第148条《青色申告者の帳簿書類》第1項は、同法第143条《青色申告》の承認を受けている居住者は、財務省令で定めるところにより、事業所得等を生ずべき業務につき帳簿書類を備え付けてこれに事業所得等の金額に係る取引を記録し、かつ、当該帳簿書類を保存しなければならない旨規定している。

　　ロ　所得税法第150条《青色申告の承認の取消し》第1項柱書及び同項第1号は、同法第143条の承認を受けた居住者につき、その年における事業所得等を生ずべき業務に係る帳簿書類の備付け、記録又は保存が同法第148条第1項に規定する財務省令で定めるところに従って行われていない事実がある場合には、納税地の所轄税務署長は、その年まで遡って、その承認を取り消すことができる旨規定している。

　　ハ　所得税法第156条《推計による更正又は決定》は、税務署長は、居住者に係る所得税につき更正又は決定をする場合には、その者の財産若しくは債務の増減の状況、収入若しくは支出の状況又は生産量、販売量その他の取扱量、従業員数その他事業の規模によりその者の各年分の各種所得の金額又は損失の金額を推計して、これをすることができる旨規定している。

　　ニ　消費税法第2条《定義》第1項第8号は、資産の譲渡等とは、事業として対価を得て行われる資産の譲渡及び貸付け並びに役務の提供をいう旨規定し、同項第9号は、課税資産の譲渡等とは、資産の譲渡等のうち、同法第6条《非課税》第1項の規定により消費税を課さないこととされるもの以外のものをいう旨規定

— 81 —

している。

　　ホ　消費税法第28条《課税標準》第１項は、課税資産の譲渡等に係る消費税の課税
　　　標準は、課税資産の譲渡等の対価の額（対価として収受し、又は収受すべき一切
　　　の金銭又は金銭以外の物若しくは権利その他経済的な利益の額とし、課税資産の
　　　譲渡等につき課されるべき消費税額等に相当する額を含まないものとする。）と
　　　する旨規定している。

　(3)　基礎事実

　　　当審判所の調査及び審理の結果によれば、次の事実が認められる。

　　イ　請求人は、自宅（以下「本件自宅」という。）において、「Ｌ」の屋号で内装工
　　　事業を営む個人事業者（以下、請求人が営む事業を「本件事業」という。）であ
　　　る。

　　ロ　請求人は、平成28年３月９日に、原処分庁に対して、平成28年分以後の所得税
　　　の青色申告承認申請書を提出し、同年分以後の所得税について、青色申告の承認
　　　を受けた。

　(4)　審査請求に至る経緯

　　イ　請求人は、平成27年分、平成28年分及び平成29年分（以下、これらの各年分を
　　　併せて「本件各年分」という。）の所得税及び復興特別所得税（以下「所得税等」
　　　という。）について、それぞれ別表１の「確定申告」欄の内容のとおり各確定申
　　　告書に記載して、いずれも法定申告期限までに申告した。

　　　　なお、平成27年分の所得税等の確定申告書には、収支内訳書（一般用）が、平
　　　成28年分及び平成29年分の所得税等の各確定申告書には、青色申告決算書（一般
　　　用）（以下、収支内訳書（一般用）と併せて「本件各青色申告決算書等」とい
　　　う。）がそれぞれ添付されていた。

　　ロ　請求人は、平成27年１月１日から平成27年12月31日まで、平成28年１月１日か
　　　ら平成28年12月31日まで及び平成29年１月１日から平成29年12月31日までの各課
　　　税期間（以下、順に「平成27年課税期間」、「平成28年課税期間」及び「平成29年
　　　課税期間」といい、これらの各課税期間を併せて「本件各課税期間」という。）
　　　における消費税及び地方消費税（以下「消費税等」という。）について、それぞ
　　　れ別表２の「確定申告」欄のとおり各確定申告書に記載して、いずれも法定申告
　　　期限までに申告した。

ハ 原処分庁所属の調査担当職員(以下「原処分調査担当職員」という。)は、平成30年8月28日に事前通知をした上で、同年10月5日に本件自宅に臨場し、本件各年分の所得税等及び本件各課税期間の消費税等に係る調査(以下「本件調査」という。)を開始した。

ニ 原処分庁は、本件調査の結果に基づき、平成31年4月24日付で、以下の各処分を行った。

(イ) 平成28年分以後の所得税の青色申告の承認の取消処分(以下「本件青色承認取消処分」という。)

(ロ) 別表1の「更正処分等」欄の内容の、本件各年分の所得税等の各更正処分(以下「本件所得税等各更正処分」という。)及び過少申告加算税の各賦課決定処分(以下「本件所得税等各賦課決定処分」という。)

(ハ) 別表2の「更正処分等」欄の内容の、本件各課税期間の消費税等の各更正処分(以下「本件消費税等各更正処分」という。)及び平成27年課税期間の消費税等に係る過少申告加算税の賦課決定処分(以下「本件消費税等賦課決定処分」という。)

ホ 請求人は、令和元年7月22日に、原処分を不服として再調査の請求をしたところ、再調査審理庁は、同年10月18日付で、当該請求についていずれも棄却する旨の再調査決定をした。

ヘ 請求人は、令和元年11月18日に、再調査決定を経た後の原処分に不服があるとして、審査請求をした。

2 争 点

(1) 青色申告の承認を取り消すべき事実があるか否か(争点1)。

(2) 推計の必要性があるか否か(争点2)。

(3) 推計の方法に合理性があるか否か(争点3)。

(4) 本件事業の遂行に際して支払った交通費等(以下「本件交通費等」という。)に相当する金額は、消費税の課税標準額に含まれるか否か(争点4)。

3 争点についての主張

(1) 争点1(青色申告の承認を取り消すべき事実があるか否か。)について

| 原処分庁 | 請求人 |
|---|---|
|  |  |

| 原処分庁 | 請求人 |
| --- | --- |
| 原処分調査担当職員は、本件調査において、請求人が税理士資格を有しない者の立会いを希望したことから、税務職員は守秘義務が課せられているため、立会いのある状況では帳簿書類等を確認できないとして立会人を退席させ、本件調査に協力するよう求めた。また、原処分調査担当職員は、請求人に対し、再三にわたり本件各年分の事業所得に係る帳簿書類等を提示するよう求め、帳簿書類等の確認ができない場合には、青色申告の承認が取り消される旨教示した。<br><br>　しかしながら、請求人は、税理士資格のない立会人の同席を主張して本件調査に協力せず、正当な理由なく帳簿書類等を提示しなかったことから、原処分調査担当職員において、帳簿書類等の備付け、記録及び保存が正しく行われていることを確認することができなかった。<br><br>　このことは、所得税法第150条第1項第1号に規定する「業務に係る帳簿書類の備付け、記録又は保存が第148条第1項に規定する財務省令で定めるところに従って行われていないこと」に該当するから、青色申告の承認の取消事由に該当する。 | 請求人は、本件事業に係る帳簿書類等を備え付け、記録及び保存を行っているところ、本件調査においても、帳簿書類等を用意するなどして調査に協力し、適時に帳簿書類等を提示することが可能なように態勢を整えていた。それにもかかわらず、原処分調査担当職員は、請求人の必要とした第三者の立会いを認めず、第三者の退去に固執して帳簿書類等の検査を行わなかった。<br><br>　したがって、本件調査において、所得税法第150条第1項第1号に規定する青色申告の承認の取消事由に該当する事実はない。 |

(2)　争点2（推計の必要性があるか否か。）について

| 原処分庁 | 請求人 |
| --- | --- |

次のことから、本件各年分の事業所得の金額の計算上、推計の必要性が認められる。

イ　原処分調査担当職員が、再三にわたり、帳簿書類等を提示するよう求めたにもかかわらず、請求人は、正当な理由なく帳簿書類等の調査に応じなかったため、原処分調査担当職員は、本件各年分の請求人の事業所得の金額を実額計算の方法により算定することができなかった。

ロ　納税者が、実額反証によって推計課税の適法性を覆すためには、その主張する所得額が真実に合致することを主張立証する責任を負うものというべきである。そして、その主張する所得額が真実に合致すると認められるためには、その主張する収入及び経費の各金額が存在することなどについて合理的な疑いを容れない程度に証明される必要がある。

　　請求人は、再調査審理庁に対し、本

次のことから、本件各年分の事業所得の金額の計算上、推計の必要性は認められない。

イ　請求人は、本件調査に十分協力する意思があり、その旨を伝えたにもかかわらず、原処分調査担当職員は、請求人自身の調査を尽くさずに請求人の取引先等に対する調査により把握した本件各年分の総収入金額を基礎にして推計の方法による課税を行った。

　　しかしながら、本件各年分の請求人の事業所得の金額は、帳簿書類等により計算できるのであって、原処分調査担当職員が、第三者の退去に固執せず、請求人が保存していた帳簿書類等の調査を行っていれば本件各年分の事業所得の金額等を実額計算の方法により算定することができたはずである。

ロ　また、請求人は、再調査審理庁に対し、別表3の順号1ないし9記載の帳簿書類等を提示しているところ、それらの資料を確認すれば、本件各年分の事業所得の金額等を実額計算の方法により算定することができたはずである。

| | |
|---|---|
| 件各年分の事業所得の金額の算定の基礎となる帳簿書類等を提示しているところ、このうち総勘定元帳に記載されている収入、必要経費及び所得の金額は、確定申告書に添付された本件各青色申告決算書等に記載された金額と一致せず、また、必要経費の一部は領収書等がないなど、支払の事実が確認できなかった。加えて、請求人は、再調査においても、税理士資格を有しない立会人の同席を求めていたため、請求人の主張する経費がその収入金額に対応するものであるかどうかなど、帳簿書類等の内容を確認することができなかった。これらの事情の下において、帳簿書類等から、請求人が主張する所得金額が本件各年分の本件事業に係る事業所得の金額であると認めることはできないことから、請求人は、その収入及び経費の実額を全て主張・証明しているとはいえない。 | |

(3) 争点3（推計の方法に合理性があるか否か。）について

| 原処分庁 | 請求人 |
|---|---|
| 　次のことから、原処分庁が採用した原処分に係る推計の方法には合理性が認められる。 | 　次のことから、原処分庁が採用した原処分に係る推計の方法には合理性が認められない。 |
| イ　原処分庁は、本件各年分の請求人の取引先等を調査して本件各年分の事業 | イ　請求人は仲間2名と共に業務を行っており、当該2名には、外注費として |

所得の総収入金額を確認し、これに対して、請求人と事業内容・規模等が類似すると認められるＭ税務署管内の青色申告者（平成27年分8件、平成28年分9件、平成29年分9件）（以下「本件類似同業者」という。）の平均的な必要経費率（総収入金額に対する必要経費の割合）を乗じて必要経費の金額を算出し、本件各年分の事業所得の金額を推計している。

ロ　請求人は、本件交通費等の立替金について、工賃及び工賃に係る消費税と区分して売上先に請求している旨主張するが、本件交通費等は、本件事業に係る業務の遂行のために支払った費用であり、請求人の売上先の支払を立て替えたものではない。そうすると、本件交通費等は、所得税法第36条《収入金額》第1項に規定するその年分の各種所得の金額の計算上収入金額とすべき金額又は総収入金額に算入すべき金額に該当する。

売上先から受け取った人工賃をそのまま同額で支払っている。一方で、原処分庁が算定した本件各年分の事業所得の金額は、請求人の収入金額からその外注費の金額のみを差し引いた程度の金額になっており、それ以外の必要経費が加味されていないのであるから、原処分庁は、本件各年分の事業所得の金額を明らかに過大に認定している。

なお、原処分庁は、本件各年分の事業所得の金額を算出するために用いた本件類似同業者に係る資料を明らかにしないため、本件類似同業者が、請求人と同一の事業を営んでおり、かつ、同規模として適切であるかについてそもそも不明である。

ロ　原処分庁は、本件交通費等の立替金を収入金額と認定して推計をしているが、請求人は、当該立替金を工賃等と区分して請求書に記載し請求しているのであるから、当該立替金相当額は収入金額ではない。したがって、原処分庁の推計には誤りがある。

(4) 争点4（本件交通費等に相当する金額は、消費税の課税標準額に含まれるか否か。）について

| 原処分庁 | 請求人 |
|---|---|
| 　請求人は、本件交通費等について、売上先に請求し、その金額を収受しているのであるから、本件交通費等の金額は、請求人の課税資産の譲渡等の対価の額に含まれるものである。<br>　したがって、本件交通費等に相当する金額は、消費税法第28条第1項に規定する消費税の課税標準額に含まれる。 | 　本件交通費等は、請求人の売上先の支払を立て替えたものであって、請求人の課税資産の譲渡等の対価の額ではない。<br>　したがって、本件交通費等に相当する金額は、消費税法第28条第1項に規定する消費税の課税標準額に含まれない。 |

4　当審判所の判断

(1) 争点1（青色申告の承認を取り消すべき事実があるか否か。）について

　イ　認定事実

　　　原処分関係資料並びに当審判所の調査及び審理の結果によれば、次の事実が認められる。

　　(イ) 原処分調査担当職員が、本件調査のため、事前に請求人と日程を調整した上で、平成30年10月5日に本件自宅を訪れたところ、本件自宅には請求人のほかに5名の男女が同席しており、請求人は、調査に際して、税理士資格を有しない当該5名の立会いを希望した。そこで、原処分調査担当職員は、請求人に対し、税務職員には守秘義務が課せられているため、第三者の立会いがある状況で調査をすることはできない旨説明し、税理士資格を有しない者を退席させて、本件調査に協力するよう求めた。しかしながら、請求人がこれに応じなかったため、原処分調査担当職員は、請求人に対して、次回の調査の日程調整を依頼し、本件自宅を退去した。

　　(ロ) 原処分調査担当職員は、事前に請求人と日程調整をし、さらに本件調査に際し、税理士資格を有しない者の立会いは認められない旨を説明した上で、平成30年11月6日に、本件自宅を訪れた。その際、本件自宅には請求人のほかに3名の男女が同席しており、請求人は税理士資格を有しない当該3名の立会いを

希望したことから、原処分調査担当職員は、請求人に対し、上記(イ)と同様の説明をした上で本件調査に協力するよう求めた。しかしながら、請求人は、応対している部屋とふすまを隔てて隣接する部屋に当該3名の者を同席させるが、部屋のふすまを開けたままにしてほしいなどとしてこれに応じなかった。

　そこで原処分調査担当職員は、請求人に対し、税理士資格を有しない者の立会いのない状況で帳簿書類等の確認ができない場合に被る可能性のある不利益として、青色申告の承認が取り消されることや、推計課税にて所得計算がされることなどを説明し、改めて連絡することを伝えて本件自宅を退去した。

(ハ)　原処分調査担当職員は、その後も複数回請求人に電話連絡をして協議したものの、調査における第三者の立会いについて意見が折り合わなかったことから、調査ができない場合の不利益について上記(ロ)と同様の説明をするとともに、請求人が帳簿書類等を持参した上で税務署へ来署することも提案した。しかしながら、請求人は、来署の提案を断り、第三者立会いの下での調査を希望したため、原処分調査担当職員は、再度本件自宅を訪問することになった。

(ニ)　原処分調査担当職員は、平成30年12月21日に、本件調査のため再度本件自宅を訪れたところ、本件自宅には請求人のほかに女性1名が同席しており、請求人は、当該女性の立会いを希望した。原処分調査担当職員は、請求人に対して、税理士資格を有しない第三者を退席させて、本件調査に協力するよう求めたところ、請求人はこれに応じなかったことから、調査ができない場合の不利益について上記(ロ)と同様の説明をした上で、本件自宅を退去した。

ロ　法令解釈

　所得税法第148条第1項は、青色申告の承認を受けている納税者は、財務省令で定めるところにより、帳簿書類の備付け等をしなければならない旨規定し、同法第150条第1項第1号は、青色申告の承認を受けた納税者につき、その帳簿書類の備付け等が同法第148条第1項に規定する財務省令で定めるところに従って行われていない事実がある場合には、税務署長は青色申告の承認を取り消すことができる旨規定している。そうすると、この帳簿書類の備付け等が財務省令で定めるところに従って行われていることを確認するためには、帳簿書類を閲覧、検査することが不可欠であり、これは納税者による帳簿書類の提示があって初めて可能になるものであるから、青色申告の承認を受けている納税者の帳簿書類の備

付け等の義務には、税務職員の質問検査に応じてその帳簿書類を提示する義務をも当然に含むものと解される。

したがって、所得税法第148条第1項に規定する帳簿書類の備付け等があるというためには、単に帳簿書類が物理的に存在するということでは足りず、権限ある税務職員の求めに応じて帳簿書類を提示することを要するものであり、また、帳簿書類を提示するとは、帳簿書類を税務職員が十分に閲覧、検査できる状態に置くことをいうものと解するのが相当である。

ハ　当てはめ

上記イのとおり、原処分調査担当職員は、調査における第三者の立会いを希望する請求人に対し、複数回にわたり、守秘義務の観点から調査において第三者の立会いを認めることはできないこと、第三者の退席を拒んで帳簿書類を確認することができなければ帳簿書類の提示がないとして青色申告の承認が取り消される可能性があることなどを説明しているところ、原処分調査担当職員の当該判断及び説明は、後記ニのとおり合理的なものである。そして、請求人は、それにもかかわらず、調査において税理士資格を有しない第三者の立会いを希望し、その退席に応じなかったことが認められる。

そうすると、請求人が第三者の退席に応じなかったことにより、原処分調査担当職員による帳簿書類の確認を含む調査ができなかったものであり、請求人は、帳簿書類について、権限ある税務職員が十分に閲覧・検査できる状態にしていなかったといえることから、本件事業に係る帳簿書類の備付け、記録又は保存について、所得税法第148条第1項に規定する財務省令で定めるところに従って行っていたものとはいえず、同法第150条第1項第1号に規定する青色申告の承認を取り消すべき事実がある。

ニ　請求人の主張について

請求人は、前記3の(1)の「請求人」欄のとおり、本件調査において、帳簿書類等を提示可能なように態勢を整えていたにもかかわらず、原処分調査担当職員は、第三者の退去に固執して帳簿書類等を検査しなかったのであるから、青色申告の取消事由に該当する事実はない旨主張する。

しかしながら、質問検査権に基づく税務調査において、税理士資格を有しない第三者を立ち会わせるか否かは、調査権限を有する税務職員の合理的な判断に委

— 90 —

ねられているところ、当該調査において、その内容が被調査者のみならず、その取引の相手方である第三者の営業上の秘密に及ぶことが少なくない。そうすると、本件調査においても、法律上の守秘義務を負わない税理士資格を有しない第三者の立会いを認めず、帳簿書類等の確認をしなかった原処分調査担当職員の判断は合理的なものと認められる。したがって、請求人が、第三者の立会いの下、適時に帳簿書類を提示することが可能なように物理的な態勢を整えていたとしても、原処分調査担当職員が税理士資格を有しない第三者の立会いを認めないと判断した以上、当該第三者の立会いを前提としたままでは帳簿書類の備付け等が所得税法第148条第1項の規定するところに従って行われていたと認めることはできないことは、上記ハのとおりである。

　したがって、この点に関する請求人の主張には理由がない。

(2) 争点2（推計の必要性があるか否か。）について

　イ　法令解釈等

　　(イ)　所得税法第156条は、税務署長が、所得税につき更正又は決定をする場合において、所得金額を推計して課税することができる旨規定しているが、飽くまで課税処分における課税標準の認定は直接資料に基づく実額計算の方法によるのが原則であることからすれば、推計による課税が認められるのは、やむを得ず推計によらざるを得ない場合、すなわち、①納税者が収入及び支出を明らかにし得る帳簿書類等を備え付けていないこと、②帳簿書類等の備付けがあってもその記載内容が不正確であること、又は③納税者が資料の提供を拒否するなど税務調査に非協力であることなどにより、実額計算の方法による課税を行うことが不可能又は著しく困難な場合に限られると解される。

　　(ロ)　原処分の段階で推計の必要性が認められ、その後の審査請求の段階で、請求人が所得金額について実額計算の方法によることを主張して、原処分庁の行った推計の方法による課税の合理性を否定するためには、請求人において、継続的に記帳された会計帳簿等に基づき、収入金額及び必要経費の双方について漏れのない全ての実額を主張、立証して、正確な漏れのない所得の実額を証明する必要がある。すなわち、①その主張する収入金額が全ての取引先からの全ての取引についての捕捉漏れのない総収入金額であり、かつ、②その収入と対応する必要経費が実際に支出され、③当該事業と関連性を有することを合理的な

疑いを容れない程度にまで、主張、立証しなければならないと解される。

ロ　請求人の提出した各書類について

　　当審判所の調査及び審理の結果によれば、次の事実が認められる。

㈠　請求人は、当審判所に対し、別表3の順号1ないし14の各書類を提出した。

㈡　請求人は、当審判所に対して、前記1の⑷のハの事前通知後に、請求人の代理人が作成した本件各年分の各総勘定元帳を提出した。

　　なお、当該各総勘定元帳には、売掛金以外の資産負債等に係る勘定科目はなかった。

㈢　請求人は、その後、上記㈡で提出した本件各年分の各総勘定元帳のうち、外注先に対して支払った高速代及び駐車場代等を外注費から旅費交通費に振り替えたもの及びクレジットカード払いの明細書を見直したとして、一部の勘定科目について金額を訂正した勘定科目の元帳（以下、上記㈡で提出した本件各年分の各総勘定元帳のうち、訂正のない勘定科目の元帳と併せて「本件各総勘定元帳」という。）を当審判所に対し提出した。

㈣　別表3の順号5のノート（以下「本件ノート」という。）には、日付順に現場名と作業従事者（請求人・外注先）及び従事人数などが記載されているところ、次の事実が認められる。

　　A　誰がどの現場に従事したか記載されていない。

　　B　別表3の順号6及び7の請求書（控）に記載があるにもかかわらず、本件ノートに記載のない現場名がある。

　　C　本件ノートと別表3の順号8の外注金額の明細を記載した書類（以下「本件外注支払明細」という。）における外注作業や現場ごとの従事人数が合致しないものがある。

　　D　本件ノートと別表3の順号6及び7の請求書（控）における従事人数が合致しない月がある。

　　E　食事代、文房具代及び工具代等の金額が、支払日が特定されることなく一月分まとめて記載されている。

㈤　別表3の順号7の請求書（控）には破棄された痕跡が認められる。

㈥　請求人は、当審判所に対し、本件各総勘定元帳の旅費交通費、接待交際費及び消耗品費の各勘定科目に記載された一部の金額は、概算の金額であって、こ

れを裏付ける書類はない旨答述した。

(ト) 請求人は、当審判所に対し、現金出納帳は、現金の増減が分かる程度のもの
であり、実際の現金残高と一致するものではない旨答述し、現金出納帳を提出
しなかった。

ハ 推計の必要性と実額主張

(イ) 原処分段階における推計の必要性について

　上記(1)のイのとおり、原処分調査担当職員は、調査における第三者の立会い
を希望する請求人に対し、複数回にわたり、守秘義務の観点から調査において
第三者の立会いを認めることはできないこと、第三者の退席を拒んで帳簿書類
を確認することができなければ帳簿書類の提示がないとして青色申告の承認が
取り消される可能性があることなどを説明しているところ、請求人は、原処分
調査担当職員の当該説明を受けてもなお、調査において税理士資格を有しない
第三者の立会いを希望し、その退席に応じなかったことが認められる。

　そうすると、原処分調査担当職員は、本件事業に係る帳簿書類等の確認をす
ることができず、帳簿書類等の直接資料に基づき、請求人の本件各年分の事業
所得の金額を実額計算の方法により算定し課税することが不可能又は著しく困
難であったといえる。

　したがって、請求人の本件各年分の事業所得の金額について、推計課税の必
要性があったものと認められる。

(ロ) 請求人の実額主張が認められるか否かについて

　請求人は、本件各年分の事業所得の金額の算定に係る証拠として、別表3の
順号1ないし14の各証拠書類を提出し、実額計算の方法により算定すべきであ
る旨主張するので、以下検討する。

A 収入金額について

　日々継続的に記帳された会計帳簿は、収入の計上漏れの生ずるおそれが少
なく、恣意的な操作をすることも困難であることから、一般には網羅性を認
めることができ、かつ、会計帳簿間での関連性や領収書等の原始資料と照ら
し合わせることによって、その正確性を検証することができると解されると
ころ、①上記ロの(ホ)のとおり、請求書（控）には破棄された痕跡があること、
②請求書（控）の提出がないものがあることに加え、③上記ロの(ロ)及び(ハ)の

とおり、本件各総勘定元帳は、本件調査の事前通知後に作成したものを更に金額を修正し提出されたものであり、日々継続的に記帳した総勘定元帳とは認められないこと及び④上記ロの(ト)のとおり、現金出納帳の提出がないことからすれば、把握できなかった現金収入の存在を否定できず、請求人の提出した証拠書類から本件各年分の総収入金額を実額で計算することはできない。

B　必要経費について

(A)　外注費について

　　請求人が実額であると主張する外注費については、預金通帳の取引履歴から外注先への振込みが確認でき、本件外注支払明細と本件各総勘定元帳の外注費の金額は一致するものの、上記ロの(ニ)のとおり、①本件ノートはいわゆる出面帳として本件事業に関する事項が記載されているが、業務日誌的なものにすぎず、継続的に記帳された会計帳簿等に当たるとまではいえないことに加え、②本件ノートには誰がどの現場に従事したか記載されていないことから、本件外注支払明細は何を根拠に作成されたか不明であること、③請求書（控）に記載があるが本件ノートに記載されていない現場名があること、④本件ノートと本件外注支払明細における外注作業や現場ごとの従事人数が合致しないものがあること及び⑤本件ノートと請求書（控）における従事人数が合致しない月があることからすれば、外注費として正しい金額かどうかを判断することができず、外注費を実額で計算することはできない。

(B)　外注費以外の経費について

　　請求人は、上記ロの(ヘ)のとおり、本件各総勘定元帳の旅費交通費、接待交際費及び消耗品費の各勘定科目に記載された一部の金額は、概算の金額であって、これを裏付ける書類はない旨答述し、実際、本件各総勘定元帳の当該各勘定科目には、千円単位又は万円単位の金額の計上が認められるところ、請求人が提出したその他の証拠書類によってもこれらを支出した事実が確認できず、外注費以外の経費について、実額で計算することはできない。

C　小括

　　以上より、請求人の本件各年分の事業所得の金額を実額により算定するこ

とはできないから、当審判所においても推計の方法により算定せざるを得ない。

　　　　よって、請求人の主張には理由がない。

(3)　争点3（推計の方法に合理性があるか否か。）について

　イ　認定事実

　　　　原処分関係資料並びに当審判所の調査及び審理の結果によれば、原処分庁が本件所得税等各更正処分に当たり行った推計の方法は以下のとおりである。

　　(イ)　原処分庁は、請求人の売上先である別表4の「売上先等」欄記載の相手方を調査し、その結果に基づいて、別表4のとおり、請求人の本件各年分の事業所得に係る総収入金額を算定した。

　　(ロ)　原処分庁は、本件各年分について、青色申告の承認を受けた個人事業者である内装工事業者であり、その事業所得に係る総収入金額が、請求人の本件各年分の事業所得に係る総収入金額の0.5倍以上、2倍以内の事業者を抽出した。

　　(ハ)　原処分庁は、上記(ロ)により抽出した個人事業者のうち、本件事業と業種、業態、事業内容、規模及び事業所所在地等において類似していると認められる者として、以下の抽出基準を設定した。

　　　A　請求人と業種、業態が類似する者で、仕入原価を持たない者であること。

　　　B　M税務署の管轄区域に事業所を有する者であること。

　　　C　青色事業専従者給与の支払がないこと。

　　　D　不服申立て又は係争中でないこと。

　　　E　年の途中において、開廃業、休業及び法人成り等の事情がないこと。

　　　F　災害等により、経営状態が異常であるとは認められないこと。

　　(ニ)　原処分庁は、上記(ハ)の条件の全てに該当する本件類似同業者として、平成27年分8件、平成28年分9件、平成29年分9件の個人事業者をそれぞれ選定した。

　　(ホ)　原処分庁は、上記(ニ)で選定した本件類似同業者の本件各年分における総収入金額に対する必要経費（青色申告の者に対してのみ認められている特典による控除を除く。）の割合の平均値（以下「同業者平均必要経費率」という。）を別表5－1ないし別表5－3の各「原処分庁主張額等」欄の各「同業者平均必要経費率」欄に記載のとおり算定した上で、別表6の「事業所得の金額（A－C）」欄の各「原処分庁主張額」欄のとおり、上記(イ)で算定した請求人の本件

各年分の事業所得に係る総収入金額から、当該総収入金額に同業者平均必要経費率を乗じて算出した必要経費の額を控除して、請求人の本件各年分の事業所得の金額を算出した。

ロ　検討

(イ)　推計の方法の合理性について

　　原処分庁は、上記イの(イ)及び(ホ)のとおり、請求人の売上先に対する調査の結果に基づいて算定した本件各年分の事業所得に係る総収入金額から、当該金額に同業者平均必要経費率を乗じて算出した必要経費の額を控除する方法により請求人の本件各年分の事業所得の金額を算出しているところ、一般に、業種、業態及び規模等が類似する同業者にあっては、特段の事情がない限り、経験則上、同程度の総収入金額に対し同程度の所得が得られるものと推認される。このことは本件事業についても同様であり、かつ、請求人において、上記経験則を否定するような特段の事情があるとは認められない。

　　また、類似同業者間に通常存する程度の営業条件等の差異については、同業者の比率からその平均値を算出する過程において捨象されるものである。そうすると、原処分庁が採用した上記イの推計の方法は、抽出された同業者に類似性が認められ、かつ、その基礎数値等が正確なものである限り、合理性を有するものと認めるのが相当である。

(ロ)　本件類似同業者の抽出方法等の合理性について

　　原処分庁は、上記イの(ロ)ないし(ニ)のとおり、本件類似同業者を選定するに当たり、業種及び業態の類似性、個人又は法人の別、事業所の所在地の近接性、資料の正確性並びに事業規模の類似性等に係る基準を設けているところ、これらの基準は、請求人と同業者との一定の類似性を担保するものである。また、原処分庁は、これらの条件に全て該当する者を機械的に抽出し、選定していることからすれば、その選定過程に恣意が介在することはない。

　　したがって、原処分庁が採用した抽出基準及びその方法には合理性があると認められる。

(ハ)　本件各年分の事業所得に係る総収入金額の正確性について

　　原処分庁は、上記イの(イ)のとおり、請求人の売上先等の調査により請求人の本件各年分の本件事業に係る総収入金額を算定しているところ、当審判所の調

査及び審理の結果によっても、別表4のとおり、原処分庁が算定した額といずれも同額になる。

　　　したがって、原処分庁が算定した当該総収入金額は適正に計算されていると認められる。

　(ニ)　当審判所による補正

　　　上記(イ)ないし(ハ)のとおり、原処分庁による推計計算に係る推計の方法及び本件類似同業者の抽出方法等それ自体には合理性があると認められる。もっとも、当該推計計算に係る同業者平均必要経費率を算定するに際し、本件類似同業者の一部の者の減価償却費や必要経費の算定について、一部誤りが認められたことから、それぞれ正当額に補正した。

　(ホ)　事業所得の金額の算定について

　　　上記(ニ)の補正を前提に請求人の本件各年分の事業所得の金額を算定した結果は、次のとおりとなる。

　　A　本件各年分の同業者平均必要経費率

　　　当審判所において、本件各年分の同業者平均必要経費率を計算すると、別表5－1ないし別表5－3の各「審判所認定額等」欄の各「同業者平均必要経費率」欄のとおりとなる。

　　B　本件各年分の必要経費の額

　　　上記(ハ)で認定した請求人の本件各年分の事業所得に係る総収入金額に、上記Aで認定した同業者平均必要経費率を乗じて、本件各年分の事業所得に係る必要経費の額を算出すると、別表6の「C必要経費の額（A×B）」欄の各「審判所認定額」欄のとおりとなる。

　　C　本件各年分の事業所得の金額

　　　請求人の本件各年分の事業所得の金額は、上記(ハ)で認定した請求人の本件各年分の事業所得に係る総収入金額から、上記Bで認定した必要経費の額を控除した金額であり、別表6の「事業所得の金額（A－C）」欄の各「審判所認定額」欄のとおりとなる。

ハ　請求人の主張について

　　　請求人は、前記3の(3)の「請求人」欄のイのとおり、原処分庁が本件類似同業者に係る資料を明らかにしないため、本件類似同業者の抽出が適切であるか不明

である旨主張する。

　しかしながら、本件類似同業者に係る資料を明らかにすることは、本件類似同業者の利益を害するおそれがある上、原処分庁には守秘義務が課せられていることを考慮すると、原処分庁が本件類似同業者の資料等を明らかにしないことは相当であり、これをもって推計の方法自体が不合理であるということはできない。

　また、請求人は、前記３の(3)の「請求人」欄のイのとおり、原処分庁が算定した本件各年分の事業所得の金額は、必要経費について、本件事業に係る業務実態を反映していない旨主張する。

　しかしながら、上記ロの(イ)のとおり、類似同業者の平均値により推計する場合は、当該類似同業者間に通常存する程度の営業条件等の差異は、その平均値に吸収され捨象されるものであるから、原処分庁が採用した推計方法がその基礎的要件に欠けるところがない以上、当該平均値による推計自体を不合理ならしめる程度の顕著なものでない限り、これを考慮する必要はないと解するのが相当である。

　そして、請求人が本件事業の実態として主張する事情は、経費の処理の差異であり、類似同業者の平均値を採用することにより捨象されるべき事情に当たるというべきであり、当審判所の調査の結果によっても、原処分庁が採用した同業者平均必要経費率を請求人に適用することについて、その合理性を否定すべき特段の事情とは認められない。

　また、請求人は、前記３の(3)の「請求人」欄のロのとおり、請求人が本件事業の遂行に際して支払った本件交通費等は立替金であり、当該立替金を工賃等と区分して請求書に記載し請求しているのであるから、売上先から支払われた本件交通費等に相当する額は総収入金額に算入すべきではない旨主張する。

　別表３の順号６の請求書（控）綴りによれば、請求人は、本件各年分において、Ｎ社から請け負った内装工事に際して支払った交通費や駐車場代等（本件交通費等）について、同社に対し、当該内装工事に係る工賃等の額と区分して記載した請求書により請求していることが認められる。しかしながら、当該費用は、請求人が、本件事業に係る業務を遂行する過程においてその必要に応じて支払った費用であって、本件交通費等に係る領収書の宛名がＮ社となっていないことなどから、同社から支払われた当該費用に相当する金額を総収入金額に算入しない取扱いは認められない。

したがって、請求人の主張にはいずれも理由がない。

(4) 争点4（本件交通費等に相当する金額は、消費税の課税標準額に含まれるか否か。）について

イ　検討

上記(3)のハのとおり、本件交通費等は、請求人が本件事業に係る業務を遂行する過程において必要に応じて支払った費用であるから、売上先から支払われる当該費用に相当する金額は、本件事業に係る業務としての役務の提供との間に対価関係があるものと解することが相当である。

したがって、本件交通費等に相当する金額についても、資産の譲渡等（役務の提供）の対価の額として、消費税の課税標準額に含まれると解すべきである。そして、消費税法第28条第1項の規定に基づき、請求人が売上先から対価として収受し、又は収受すべき金銭等の額により、本件各課税期間の消費税の課税標準額を算定すると、別表7の「⑧課税標準額」欄の各「原処分庁主張額」欄と同額となる。

ロ　請求人の主張について

請求人は、前記3の(4)の「請求人」欄のとおり、本件交通費等は立替金であるから、本件交通費等に相当する金額は、消費税法第28条第1項に規定する消費税の課税標準額に含まれない旨主張する。

しかしながら、上記(3)のハのとおり、本件交通費等は、請求人が本件事業に係る業務を遂行する過程において必要に応じて支払った費用であって、本件交通費等に係る領収書の宛名がN社となっていないことなどから、本件交通費等に相当する金額を消費税法第28条第1項に規定する消費税の課税標準額に含めない取扱いは認められない。

(5) 本件青色承認取消処分の適法性について

本件青色承認取消処分は、上記(1)のハのとおり、これを取り消すべき理由はなく、本件青色承認取消処分は適法である。

(6) 本件所得税等各更正処分の適法性について

請求人の本件各年分の事業所得の金額は、上記(3)のロの㈱のCのとおりとなることから、これに基づき、請求人の本件各年分の所得税等の納付すべき税額を計算すると、別表6の「所得税等の納付すべき税額」欄の各「審判所認定額」欄のとおり

となり、いずれも本件所得税等各更正処分の額を下回るから、いずれもその一部を別紙2ないし別紙4の「取消額等計算書」のとおり取り消すべきである。

なお、本件所得税等各更正処分のその他の部分については、請求人は争わず、当審判所に提出された証拠資料等によっても、これを不相当とする理由は認められない。

(7) 本件所得税等各賦課決定処分の適法性について

上記(6)のとおり、本件所得税等各更正処分は、いずれもその一部が取り消されることに伴い、過少申告加算税の基礎となる税額は、平成27年分が○○○○円、平成28年分が○○○○円及び平成29年分が○○○○円となる。

また、本件所得税等各更正処分により納付すべき税額の計算の基礎となった事実が、本件所得税等各更正処分前の税額の計算の基礎とされていなかったことについて、いずれも国税通則法（以下「通則法」という。）第65条《過少申告加算税》（平成28年12月31日以前に法定申告期限が到来する国税については、平成28年法律第15号による改正前のもの。以下、同条において同じ。）第4項に規定する「正当な理由」があるとは認められない。

したがって、通則法第65条第1項及び第2項の規定に基づき、本件各年分の所得税等に係る過少申告加算税の額を計算すると、別表6の「過少申告加算税の額」欄の各「審判所認定額」欄のとおりとなり、いずれも本件所得税等各賦課決定処分の額を下回るから、いずれもその一部を別紙2ないし別紙4の「取消額等計算書」のとおり取り消すべきである。

(8) 本件消費税等各更正処分の適法性について

上記(4)のイのとおり、請求人の本件各課税期間の課税売上高は、別表7の「⑦課税資産の譲渡等の対価の額（⑥×100/108）」欄の各「原処分庁主張額」欄と同額となる。これに基づき、当審判所において本件各課税期間の消費税等の納付すべき税額を計算すると、いずれも本件消費税等各更正処分の額と同額となる。

なお、本件消費税等各更正処分のその他の部分については、請求人は争わず、当審判所に提出された証拠資料等によっても、これを不相当とする理由は認められない。

したがって、本件消費税等各更正処分はいずれも適法である。

(9) 本件消費税等賦課決定処分の適法性について

上記(8)のとおり、平成27年課税期間の消費税等の更正処分は適法であり、当該更正処分により納付すべき税額の計算の基礎となった事実が、当該更正処分前の税額の基礎とされていなかったことについて、通則法第65条第4項に規定する「正当な理由」に該当する事情は認められない。

　そして、当審判所においても、通則法第65条第1項及び地方税法附則第9条の4《譲渡割の賦課徴収の特例等》及び第9条の9《譲渡割に係る延滞税等の計算の特例》第1項の規定に基づいて、平成27年課税期間の消費税等に係る過少申告加算税の額を計算すると、本件消費税等賦課決定処分の額と同額であることが認められる。

　したがって、本件消費税等賦課決定処分は適法である。

(10)　結論

　よって、審査請求には理由があるから、原処分の一部を取り消すこととする。

別表1　審査請求に至る経緯（所得税等）（省略）

別表2　審査請求に至る経緯（消費税等）（省略）

別表3　請求人が提出した証拠書類（省略）

別表4　事業所得に係る総収入金額（省略）

別表5－1　平成27年分同業者平均必要経費率（省略）

別表5－2　平成28年分同業者平均必要経費率（省略）

別表5－3　平成29年分同業者平均必要経費率（省略）

別表6　所得税等に係る所得金額及び納付すべき税額等（省略）

別表7　課税資産の譲渡等の対価の額等（省略）


別紙1　（省略）

別紙2から4　取消額等計算書（省略）

事例6 （原処分庁主張の推計方法　売上げ（実額）×特前所得率）

---

　　原処分庁の平均所得率の計算過程において、損失の金額が生じていた類似同業者の
　所得率はマイナス値で計算すべきとされた事例（平成28年分から平成30年分までの所
　得税及び復興特別所得税の各更正処分並びに過少申告加算税の各賦課決定処分、平成
　28年1月1日から平成30年12月31日までの各課税期間の消費税及び地方消費税の各更
　正処分並びに過少申告加算税の各賦課決定処分・平成29年分の所得税及び復興特別所
　得税は一部取消し、その他は棄却・令和3年6月23日裁決）

---

《要旨》

　請求人は、原処分庁の所得金額の推計の算出について、①原処分庁の算出基準におい
ては、青色申告の承認を受けた者の確定申告が適切になされたものであって、かつ、請
求人の確定申告と比較しうる理由の根拠が示されていないこと、②原処分庁が請求人の
所得金額の推計に用いた請求人と業種・業態が類似し事業規模が同程度であると判断し
た同業者（本件類似同業者）の業態が全く不明であり、原処分庁が所得率の高い同業者
だけを選んで推計の基礎に用いた可能性も否定できないこと、及び③本件類似同業者の
本件各年分の平均所得率は年分によってかなりの開差があることから、推計の合理性が
あるとはいえない旨主張する。

　しかしながら、原処分庁は、本件類似同業者を抽出するにあたり、業種・業態の類似
性、個人又は法人の別、事業所の所在地の接近性、資料の正確性並びに事業規模の類似
性等に係る基準を設けてこれらの条件に全て該当する者を抽出したのであるから、当該
抽出基準は合理性を有するものであり、また、同業者の抽出過程に原処分庁の恣意が介
在したとの事実は認められない。そして、平均所得率の算出に使用した資料は、いずれ
も帳簿書類等が整っている青色申告者の決算書であり、その信頼性ないし正確性は高く、
さらに本件類似同業者の件数も本件類似同業者の個別性を平均化するに足るということ
ができる。したがって、本件類似同業者と請求人の間には類似性があり、原処分庁の本
件類似同業者の抽出基準及び抽出方法は合理性を有するものであると認められる。ただ
し、原処分庁の平均所得率の計算過程において、本件類似同業者のうち1名に損失の金
額が生じていたにもかかわらず、その者の所得率を0.00％で計算しているが、その者の
所得率を0.00％とすべき特殊な事情は認められないことから、当該所得率は損失の金額

で算出したマイナス値で計算すべきである。

《参照条文等》

　所得税法第156条

《参考判決・裁決》

　平成30年6月8日裁決（裁決事例集 No.111）

（令和3年6月23日裁決）

《裁決書（抄）》

1　事　　実

(1)　事案の概要

　　本件は、原処分庁が、林業を営む審査請求人（以下「請求人」という。）から帳簿書類等の提示がなかったとして、①事業所得の金額を推計の方法により算定し、所得税等の更正処分等を行うとともに、②課税仕入れに係る消費税額の控除を適用することなく消費税等の更正処分等を行ったのに対し、請求人が、①調査手続に違法又は不当がある、②事業所得の金額を推計する必要性及び合理性がない、③原処分庁が税務職員の守秘義務が担保されないとして帳簿等の検査を拒否したのであるから課税仕入れに係る消費税額の控除の適用がされるべきであるなどとして、原処分の全部の取消しを求めた事案である。

(2)　関係法令

　　関係法令は、別紙2のとおりである。

　　なお、別紙2で定義した略語については、以下、本文においても使用する。

(3)　基礎事実及び審査請求に至る経緯

　　当審判所の調査及び審理の結果によれば、以下の事実が認められる。

　イ　請求人は、林業を営む個人事業主であった。

　　　なお、請求人は、令和元年9月1日付で、平成30年8月23日に個人事業を廃業した旨の届出書を原処分庁に提出した。

　ロ　請求人は、平成28年分、平成29年分及び平成30年分（以下、これらの年分を併せて「本件各年分」という。）の所得税及び復興特別所得税（以下「所得税等」という。）について、それぞれの確定申告書に別表1の「確定申告」欄のとおり記載して、いずれも法定申告期限までに原処分庁に提出し、確定申告した。

　　　なお、請求人は、本件各年分の所得税について、所得税法第143条《青色申告》に規定する青色申告の承認を受けておらず、また、本件各年分の確定申告書に、いずれも事業所得に係る収支内訳書を添付していなかった。

　ハ　請求人は、平成28年1月1日から平成28年12月31日までの課税期間（以下、「平成28年課税期間」といい、他の課税期間についても同様に表記する。）、平成29年課税期間及び平成30年課税期間（以下、「平成28年課税期間」、「平成29年課

— 105 —

税期間」及び「平成30年課税期間」を併せて「本件各課税期間」という。）の消費税及び地方消費税（以下「消費税等」という。）について、それぞれの確定申告書に別表2の「確定申告」欄のとおり記載して、いずれも法定申告期限までに原処分庁へ提出し、確定申告した。

ニ　原処分庁は、請求人の本件各年分の所得税等及び本件各課税期間の消費税等に係る調査（以下「本件調査」という。）を行い、令和2年4月27日付で、所得税等については別表1の「更正処分等」欄のとおり各更正処分及び過少申告加算税の各賦課決定処分を、消費税等については別表2の「更正処分等」欄のとおり各更正処分及び過少申告加算税の各賦課決定処分をそれぞれ行った。

ホ　請求人は、令和2年7月24日、原処分に不服があるとして、審査請求をした。

2　争　点

(1)　本件調査に係る手続には原処分の取消事由となる違法又は不当があるか否か（争点1）。

(2)　推計の必要性及び合理性が認められるか否か（争点2）。

(3)　仕入税額控除が認められるか否か（争点3）。

3　争点についての主張

(1)　争点1（本件調査に係る手続には原処分の取消事由となる違法又は不当があるか否か。）について

| 原処分庁 | 請求人 |
|---|---|
| 次のとおり、本件調査に係る調査手続には、原処分の取消事由となる違法及び不当はない。<br>イ　原処分庁は、通則法第74条の10に規定する、事前通知を要しない場合の要件に該当するとして、事前通知なく本件調査を行ったものであるから、本件調査における調査手続に違法はない。 | 次のとおり、本件調査に係る調査手続には、原処分の取消事由となる違法又は不当がある。<br>イ　本件調査担当職員は、調査初日である令和元年8月9日、通則法第74条の9の規定及び昭和51年4月1日付国税庁税務運営方針（以下「税務運営方針」という。）に基づく調査の日時及び場所の事前通知をせず、請求人宅を訪れた。 |

本件調査担当職員に事前通知がなかったことについて、理由を尋ねたが、何ら理由を示さなかった。

原処分庁は、請求人を「事前通知を要しない」対象者とするのであれば、客観的事実や合理的判断を具体的に示すべきである。

ロ　税務職員の質問検査権の行使に当たっては、調査対象者に対して調査の理由及び必要性を明らかにすることは要件とされておらず、どの程度明らかにするかは、税務職員の合理的裁量に委ねられていると解されることから、原処分庁の調査担当職員（以下「本件調査担当職員」という。）は、本件調査の必要性についての説明責任を有しているとはいえない。

ロ　本件調査担当職員は、請求人に対する調査理由について、「守秘義務があるので言えない。」との一点張りで明らかにせず、これは、第72回国会での請願採択に反する行為である。

また、質問検査権の行使は、客観的に必要がある場合に認められるところ、本件調査担当職員は、本件調査に係る客観的必要性について説明責任があるにもかかわらず説明を行っていない。

ハ　本件調査担当職員は、本件調査において、請求人に対し、再三再四にわたり、第三者の立会いがない状況での帳簿書類等の提示を求めたにもかかわらず、請求人は、第三者の立会いなしに帳簿書類等の提示はできない旨を申し立て、これに応じず、本件調査担当職員が質問検査を行えない状況にあったことから、請求人の各取引先に対する調査（以下「本件各取引先調査」という。）の必要があったと認められる。

ハ　原処分の更正通知書においては、処分の理由として、「あなたの事業所得（消費税）の金額の計算に必要な帳簿書類の提示を求めたところ、第三者の立会いを認めないと帳簿書類の提示はできない旨申し立て、帳簿書類を提示されませんでした。」との記載があるが、請求人は、一度も帳簿書類等を提示することなく検査・調査を拒んだことはなく、全ての調査対応日において確定申告に使用した帳簿・証ひょう類

を用意して本件調査担当職員に示していたことから、本件各取引先調査の必要はなかった。

　また、本件調査担当職員は、「立会人がいると調査ができない。」として本件各取引先調査を行っているが、税務調査は納税者の協力を得て行われる任意調査であることから、税務職員は請求人が立会いを依頼した者を排除できない。

　したがって、本件調査担当職員が行った本件各取引先調査は、「反面調査は客観的にみてやむを得ないと認められた場合に限って行う。」とした税務運営方針に真っ向から反するものである。

(2)　争点2（推計の必要性及び合理性が認められるか否か。）について

| 原処分庁 | 請求人 |
|---|---|
| イ　推計の必要性<br>　　次のとおり、本件調査担当職員は、請求人の所得金額等を実額で算定するために必要な帳簿書類等の質問検査を行えない状況にあったことから、原処分を行うのに推計の必要性があったと認められる。<br>(イ)　本件調査担当職員は、本件調査における請求人宅への臨場時及び請求人との電話において、請求人に対 | イ　推計の必要性<br>　　次のとおり、本件調査担当職員は、請求人の所得金額等を実額で算定するために必要な帳簿書類等を質問検査することが可能であったことから、原処分を行うのに推計の必要性があったとは認められない。<br>(イ)　請求人は、取引に係る帳簿の記載及び原始記録の保存を行っており、原処分庁が適法に質問検査権を行使 |

— 108 —

し、再三再四にわたり、第三者の立会いがない状況での帳簿書類等の提示を求めたにもかかわらず、請求人は、第三者の立会いなしに帳簿書類等の提示はできない旨を申し立て、これに応じず、本件調査担当職員が質問検査を行えない状況にあったことから、原処分庁は、請求人の事業に係る本件各年分の所得金額を実額により計算することができなかった。

(ロ) 税務職員は、質問検査権を行使する場合、通則法第127条及び国家公務員法第100条《秘密を守る義務》に規定する守秘義務を負い、税理士以外の法律上守秘義務を負わない第三者の立会いを認めるか否かについては、原則として、税務職員の裁量に委ねられているものと解される。

本件調査において、本件調査担当職員が税理士資格を有しない第三者の立会いを認めなかったのは、法律上守秘義務を負わない第三者が請求人及び取引先等の営業に関する事項等の秘密を知り得る状態において調査を行うことが、守秘義務に違反するおそれがあり、かつ、本件調査担当職員が帳簿書類等の内容や保管状況等について必要かつ十分な質問検

すれば実額課税できたにもかかわらず、あえて推計によったもので、推計課税の前提要件を欠いたものとして違法である。

(ロ) 請求人は、本件調査の適切な執行の確認、及び不当な調査が行われた場合に請求人が適切な主張を行えるよう、立会いを依頼したのであるから、本件調査担当職員が本件調査の過程で知り得た請求人の個人情報については、請求人が立会いを求めている限り、守秘義務の問題にならない。

どうしても秘密保持上不都合ならば、その場面に限って立会人を遠ざけるなどの調整を行えば十分であるにもかかわらず、本件調査担当職員が自身において存在を認めている帳簿及び証ひょう類の検査を、第三者がいるため見ることができないとして、自ら拒否したのである。

さらに、税務調査は納税者の協力

査を行うためであったことから、質問検査権の行使は合理的な裁量の範囲内であったと認められる。

ロ　推計の合理性

原処分庁が採用した推計方法は、次のとおり合理性があるといえる。

(イ)　原処分庁が採用した推計方法においては、本件各取引先調査によって把握した本件各年分の事業所得に係る総収入金額を基礎として、請求人の同業者に係る総収入金額に対する青色申告特別控除前の所得金額の割合の平均を乗じて、請求人の本件各年分の事業所得の金額を算定しており、当該推計方法は、真実の所得金額に近似する蓋然性が高いものといえる。

(ロ)　請求人の同業者の抽出に当たっては、①林業を営む者、②青色申告者、③異業種ではなく年間を通じて事業を営んでいる者、④事業所得に係る総収入金額が請求人の0.5倍以上2倍以下である者、及び⑤J税務署及び隣接する〇税務署の管内で林

を得て行われる任意調査であることから、税務職員は請求人が立会いを依頼した者を排除できない。

以上のことから、本件調査担当職員が「守秘義務があるため調査できない。」として、何度も帳簿書類等の検査をしなかったことについて正当性はない。

ロ　推計の合理性

原処分庁が行った推計方法は、次のとおり合理性があるとはいえない。

(イ)　原処分庁の算出基準においては、青色申告者の確定申告が適切に計算されたものであって、かつ、請求人の確定申告と比較し得る理由の根拠については示されていない。

つまり、原処分庁が請求人の所得金額の推計に用いた造林の業態が、請求人には全く不明であり、原処分庁が所得率の高い同業者だけを選んで推計の基礎に用いた可能性も否定できない。

(ロ)　原処分庁が算出した同業者の本件各年分の所得率の平均は、年分によってかなりの開差があり（平成28年分14.73％、平成29年分10.27％、平成30年分16.09％）、当該数値の合理性を損なうものであるといえる。

| | |
|---|---|
| 業を営む者の全てに該当する者を請求人の同業者として機械的に抽出した。<br><br>　当該抽出基準及び抽出過程は、請求人との類似性を判別する要件として合理性を有し、当該抽出件数（平成28年分4名、平成29年分5名、平成30年分5名）についても、各同業者の個別性を平均化するに足りるものということができる。 | |

(3)　争点3（仕入税額控除が認められるか否か。）について

| 原処分庁 | 請求人 |
|---|---|
| 　上記(1)のハのとおり、本件調査担当職員は、本件調査において、請求人に対し、質問検査を行えない状況であったと認められ、仮に、請求人が本件調査時において所定の帳簿及び請求書等を保存していたとしても、通則法第74条の2第1項の規定に基づく税務職員による帳簿及び請求書等の検査に当たって、適時にこれを提示することが可能なように態勢を整えて保存していなかったといえる。<br>　これは、消費税法第30条第7項に規定する「課税仕入れ等の税額の控除に係る帳簿及び請求書等を保存しない場合」に該当することから、請求人の本件各課税期間における消費税の納付すべき税額の計算に当たり、仕入税額控除を適用する | 　請求人は、本件調査を通して、本件調査担当職員に対し、帳簿及び請求書等を提示していたにもかかわらず、本件調査担当職員は、「立会人がいるため、税務職員の守秘義務が担保されない。」として自ら検査及び調査を拒否しているが、立会いについては、請求人が立会いを求めている限り守秘義務の問題とならず、検査及び調査が可能であったことから、本件は消費税法第30条第7項に規定する「課税仕入れ等の税額の控除に係る帳簿及び請求書等を保存しない場合」に該当せず、仕入税額控除を適用することができる。 |

| | |
|---|---|
| ことはできない。 | |

4 当審判所の判断

(1) 争点1（本件調査に係る手続には原処分の取消事由となる違法又は不当があるか否か。）について

イ　法令解釈

　通則法は、第7章の2《国税の調査》において、国税の調査の際に必要とされる手続を規定しているが、同章の規定に反する手続が課税処分の取消事由となる旨を定めた規定はなく、また、調査手続に瑕疵があるというだけで納税者が本来支払うべき国税の支払義務を免れることは，租税公平主義の観点からも問題があると考えられることからすれば、調査手続の瑕疵は、原則として課税処分の効力に影響を及ぼすものではないと解すべきである。

　もっとも、通則法は、第24条《更正》の規定による更正処分及び第25条《決定》の規定による決定処分について、いずれも「調査により」行う旨規定しているから、課税処分が何らの調査なしに行われたような場合には、課税処分の取消事由となるところ、これには、調査を全く欠く場合のみならず、課税処分の基礎となる証拠資料の収集手続に重大な違法があり、調査を全く欠くのに等しいとの評価を受ける場合も含まれるものと解され、ここにいう重大な違法とは、課税処分の基礎となる証拠資料の収集手続が刑罰法規に触れ、公序良俗に反し又は社会通念上相当の限度を超えて濫用にわたるなどの場合をいうものと解するのが相当である。

　また、通則法第74条の2第1項は、税務署の調査権限を有する職員において、当該調査の目的、調査すべき事項、申請、申告の体裁内容、帳簿等の記入保存状況、相手方の事業の形態等諸般の具体的事情に鑑み、客観的な必要性があると判断される場合には、職権調査の一方法として、同項各号に規定する者に対し質問し、又はその事業に関する帳簿、書類その他当該調査事項に関連性を有する物件の検査を行う権限を認めた趣旨であって、この場合の質問検査等の範囲、程度、時期、場所等実定法上特段の定めのない実施の細目については、質問検査等の必要性があり、これと相手方の私的利益との衡量において社会通念上相当な限度にとどまる限り、権限のある税務職員の合理的な選択に委ねられているものと解さ

れる。

ロ　認定事実

　　原処分関係資料並びに当審判所の調査及び審理の結果によれば、以下の事実が
　　認められる。

(イ)　原処分庁は、本件調査を、通則法第74条の10に規定する事前通知を要しない
　　調査として実施した。

(ロ)　本件調査担当職員は、令和元年8月9日、通則法第74条の9第1項に規定す
　　る事前通知を行うことなく、請求人の自宅へ臨場したところ、請求人が不在で
　　あったため、請求人の妻に対し、請求人が自宅へ戻ってくることができるかを
　　確認するよう依頼した。

　　　そして、本件調査担当職員は、請求人へ電話連絡した請求人の妻から、直接
　　請求人と話をしてほしい旨の申出を受け、請求人の妻から手渡された電話にて、
　　請求人に対し、①実地の調査を行う旨伝えた上で、②調査の相手方である請求
　　人の住所及び氏名、③本件調査担当職員の所属官署及び氏名、④調査対象期間
　　及び税目は本件各年分の所得税等及び本件各課税期間の消費税等である旨、⑤
　　調査の目的は申告書の記載内容の確認である旨、⑥申告の基となる帳簿書類及
　　びその基となる原始記録を提示してもらいたい旨、及び⑦調査の途中で非違が
　　疑われることとなった場合には、上記④以外の期間又は税目についても質問検
　　査の対象とする旨をそれぞれ伝え、請求人宅において本件調査に協力するよう
　　要請したところ、請求人から自宅へ戻り次第連絡する旨の回答を受けた。

　　　本件調査担当職員が請求人からの連絡を待っていたところ、請求人が代表取
　　締役を務めるK社の執行役員と名乗る者から電話連絡を受け、事前通知がない
　　ことについて抗議を受けたが、請求人と直接話す旨伝え、電話を終了した。

　　　その後、本件調査担当職員が請求人へ電話連絡したところ、仕事が忙しく自
　　宅へ戻ることができない旨の申出があったため、本件調査担当職員は、令和元
　　年8月23日午後1時に再度請求人宅へ臨場することを請求人と約し帰署した。

(ハ)　本件調査担当職員は、令和元年8月22日、請求人から調査日時の変更の申出
　　があったことを受け、請求人宅への臨場日時を同年9月18日午後1時に変更し
　　た。

(ニ)　本件調査担当職員は、令和元年9月18日、請求人宅へ臨場したところ、請求

人は、第三者4名を立会人として同席させていた。

　本件調査担当職員は、立会人各人の税理士資格の有無を確認したところ、立会人各人から、いずれの者も税理士資格を有していないとの回答を受けた（以下、本件調査における税理士資格を有しない各立会人を「本件各立会人」という。）ことから、請求人に対し、税務職員には守秘義務があるため本件各立会人の同席の下では調査を行うことができない旨を説明し、本件各立会人を話の聞こえない場所へ移動させて帳簿書類等を提示するよう協力を求めたところ、請求人の協力は得られなかった。

　その後も、本件調査担当職員は、本件各立会人が同席しない状況で帳簿書類等を提示するよう請求人に繰り返し協力を求めたが、請求人がこれに応じなかったため、本件各立会人が同席している状況では調査を進めることができないと判断し、請求人に対し調査への協力が得られないため帰署する旨を伝え、請求人宅を辞去した。

㈭　本件調査担当職員は、令和元年9月19日、調査日程を調整するため、請求人へ電話連絡し、次回の調査日時を同年10月23日午後1時と約した。

㈬　本件調査担当職員は、令和元年10月23日、請求人宅へ臨場したところ、請求人は帳簿書類等と称する書類を用意していたものの、上記㈁の臨場時と同様に、本件各立会人を3名同席させていた。

　本件調査担当職員は、請求人に対し、税務職員には守秘義務があるため本件各立会人の同席の下では調査を行うことができない旨を説明し、本件各立会人を話の聞こえない場所へ移動させ、帳簿書類等を提示するよう協力を求めたが、請求人の協力は得られなかった。

　その後も、本件調査担当職員は、本件各立会人が同席しない状況で帳簿書類等を提示するよう請求人に繰り返し協力を求めたが、請求人はこれに応じなかったため、本件各立会人が同席している状況では調査を進めることができないと判断し、請求人に対し調査への協力が得られないため帰署する旨を伝え、請求人宅を辞去した。

㈫　本件調査担当職員は、令和元年10月28日及び同月31日、次回の調査日程を調整するため、請求人へ電話連絡したところ、請求人から、日程を確認して折り返し連絡する旨の申出があった。

この際、本件調査担当職員は、請求人に対し、本件各立会人が同席しない状況で帳簿書類等が提示されなければ、消費税の仕入税額控除の適用を認めることはできない旨を説明したが、請求人からは、今後の調査においても本件各立会人の立会いの下で調査を行ってほしい旨の申出があった。

㈭　本件調査担当職員は、令和元年11月11日、次回の調査日程を調整するため、請求人へ電話連絡したところ、請求人から仕事が多忙であるとの申出があったため、後日、日程を調整することとした。

　　この際、本件調査担当職員は、請求人に対し、本件各立会人が同席しない状況で帳簿書類等を提示するよう、再度協力を求めたが、請求人は、本件各立会人の立会いがない限り帳簿書類等の提示はできない旨の申出があった。

㈬　本件調査担当職員は、上記㈹ないし㈭のとおり、本件調査における帳簿書類等に基づく質問検査を行えない状況が続いていたことを受け、令和元年11月12日以降、請求人の取引先であるＬ森林組合及びＭ森林組合等への本件各取引先調査を実施した。

㈨　本件調査担当職員は、令和元年12月２日、請求人との電話連絡において、本件各立会人が同席しない状況で帳簿書類等を提示するよう繰り返し協力を要請し、本件各立会人が同席しない状況で帳簿書類等が提示されなければ、消費税の仕入税額控除の適用を認めることはできない旨を説明したが、請求人からは、今後においても本件各立会人の立会いの下で調査を行ってほしい旨の申出があった。

㈪　本件調査担当職員は、令和元年12月５日、調査日程を調整するため、請求人へ電話連絡し、次回の調査日時を令和２年１月９日午後１時と約した。

㈠　本件調査担当職員は、令和２年１月９日、請求人宅へ臨場したところ、請求人は帳簿書類等と称する書類を用意していたものの、上記㈡及び㈥の臨場時と同様に、本件各立会人を２名同席させていた。

　　本件調査担当職員は、請求人に対し、税務職員には守秘義務があるため本件各立会人の同席の下では調査を行うことができない旨を説明し、本件各立会人を話の聞こえない場所へ移動させ、帳簿書類等を提示するよう協力を求めたが、請求人の協力は得られなかった。

　　また、本件調査担当職員は、請求人に対し、上記の協力が得られなければ、

消費税の仕入税額控除の適用を認めることはできない旨を説明したところ、請求人から、今後においても本件各立会人の立会いの下で調査を行ってほしい旨の申出があった。

その後も、本件調査担当職員は、本件各立会人が同席しない状況で帳簿書類等を提示するよう請求人に繰り返し協力を求めたが、請求人がこれに応じなかったため、本件各立会人が同席している状況では調査を進めることができないと判断し、請求人に対し調査への協力が得られないため帰署する旨を伝え、請求人宅を辞去した。

(ト) 本件調査担当職員は、令和2年1月15日、調査日程を調査するため、請求人へ電話連絡し、次回の調査日時を同年2月4日午後1時とした。

この際も、本件調査担当職員は、請求人に対し、本件各立会人が同席しない状況で帳簿書類等を提示し、調査に協力するよう求めたが、請求人は、自らの意思で立会いを依頼しており、本件各立会人の立会いなしに調査を受けるつもりはない旨の申出があった。

(カ) 本件調査担当職員は、令和2年2月4日、請求人宅へ臨場したところ、請求人は帳簿書類等と称する書類を用意していたものの、上記(ニ)、(ヘ)及び(ヲ)の臨場時と同様に、本件各立会人を2名同席させていた。

本件調査担当職員は、請求人に対し、税務職員には守秘義務があるため本件各立会人の同席の下では調査を行うことができない旨を説明し、本件各立会人を話の聞こえない場所へ移動させ、帳簿書類等を提示するよう協力を求めたが、請求人の協力は得られなかった。

また、本件調査担当職員は、請求人に対し、上記の協力が得られなければ、消費税の仕入税額控除の適用を認めることはできない旨を説明したところ、請求人から、今後においても本件各立会人の立会いの下で調査を行ってほしい旨の申出があった。

その後も、本件調査担当職員は、本件各立会人が同席しない状況で帳簿書類等を提示するよう請求人に繰り返し協力を求めたが、請求人がこれに応じなかったため、本件各立会人が同席している状況では調査を進めることができないと判断し、請求人に対し調査への協力が得られないため帰署する旨を伝え、請求人宅を辞去した。

(ヨ) 本件調査担当職員は、令和 2 年 4 月16日、請求人へ電話連絡し、通則法第74
条の11《調査の終了の際の手続》第 2 項の規定に基づき本件調査に係る調査結
果の説明を行った上で、同条第 3 項の規定に基づき修正申告を勧奨したところ、
同月22日、請求人から、修正申告に応じる意思はない旨の申出があった。

ハ 検討

請求人は、上記 3 の(1)の「請求人」欄のとおり、本件調査は違法又は不当な調
査であり、このような違法又は不当な手続の上でされた原処分は取り消されるべ
きである旨主張するので、以下検討する。

(イ) 請求人は、上記 3 の(1)の「請求人」欄のイ及びロのとおり、①本件調査担当
職員は、通則法第74条の 9 の規定及び税務運営方針に基づく事前通知をせず請
求人宅を訪れたが、請求人を事前通知を要しない対象者として取り扱うのであ
れば、その客観的事実や合理的判断を具体的に示すべきである旨及び②本件調
査担当職員は、請求人の本件調査に係る調査理由を明らかにせず、これは、第
72回国会での請願採択に反する行為であり、また、本件調査に係る客観的必要
性を説明すべきであるにもかかわらずこれを行っていない旨主張する。

しかしながら、原処分庁は、上記ロの(イ)のとおり、通則法第74条の10の規定
に基づく事前通知を要しない調査として本件調査を実施しているのであるから、
原処分庁が事前通知をしないで本件調査をしたことに違法な点は認められない。
また、事前通知をしない理由を明らかにすることは法令上規定されていないの
であるから、原処分庁が、請求人に対して事前通知をしなかったことに関する
客観的事実や合理的判断を具体的に示さなかったからといって違法又は不当と
なるものではない。

そして、税務運営方針については、国税庁が円滑かつ実効的な税務調査等の
心構えや一般的指針を内部的に定めたものにすぎず、これに定められた内容を
根拠として具体的な調査が直ちに違法又は不当となるものではない。

さらに、調査担当職員が通則法第74条の 2 の規定に基づく質問検査に際し、
具体的な調査理由及び調査に係る客観的必要性を明らかにしなければならない
旨を定めた法令上の規定はなく、また、国会で採択された請願は、税務執行に
当たって法的な拘束力を有するものではないことから、原処分庁が具体的な調
査理由及び本件調査に係る客観的必要性を説明しなかったからといって違法又

は不当となるものではない。

　したがって、この点に関する請求人の主張にはいずれも理由がない。

(ロ)　請求人は、上記3の(1)の「請求人」欄のハのとおり、①原処分の更正通知書において「第三者の立会いを認めないと帳簿書類の提示はできない旨申し立て、帳簿書類を提示されませんでした。」との記載があるが、請求人は全ての調査対応日において帳簿書類等を用意して本件調査担当職員に示したこと、及び②税務調査は納税者の協力を得て行われる任意調査であり、税務職員は請求人が選定した立会人を排除できないことから、本件調査担当職員が行った本件各取引先調査は、「反面調査は客観的にみてやむを得ないと認められた場合に限って行う。」とする税務運営方針に反するものである旨主張する。

　しかしながら、税理士資格を有しない第三者の税務調査への同席については、もとよりこれを認めなければならない旨を定めた法令上の規定はなく、本件において、本件調査担当職員は国家公務員法第100条第1項に規定する守秘義務に加え、通則法第127条に規定する守秘義務をも負うことから、本件調査担当職員が質問検査等を行うに際し、請求人及び取引先等の営業に関する事項の秘密を守るためなどの配慮から、法律上守秘義務を負わない本件各立会人の本件調査への同席を認めず、本件各立会人を退席させた上で質問検査等を行おうとしたことには合理的な理由があるというべきである。

　その上で、税務調査における帳簿書類等の提示については、調査担当職員がその内容を精査して税額の計算の基礎となる金額が確認できる状態にされなければ、実額計算が可能となるような適切な帳簿書類等の提示があったとはいえないところ、上記ロのとおり、本件調査担当職員は、国家公務員法及び通則法に規定する守秘義務の観点から、本件各立会人が同席しない状況で帳簿書類等を提示するよう繰り返し求めたにもかかわらず、請求人は、一貫してその求めに応じなかったのであるから、請求人は、本件調査において帳簿書類等を提示したということはできない。

　また、質問検査等の範囲等については、上記イのとおり、質問検査等の必要性があり、これと相手方の私的利益との衡量において社会通念上相当な限度にとどまる限り、権限のある税務職員の合理的な選択に委ねられているものと解される。

本件においては、上記ロの(ニ)、(ヘ)、(ヲ)及び(カ)のとおり、請求人は、請求人宅を調査場所とする実地の調査（令和元年9月18日、同年10月23日、令和2年1月9日及び同年2月4日）に際し、いずれの日も本件各立会人を同席させていたため、本件調査担当職員は、国家公務員法及び通則法に規定する守秘義務の観点から、本件各立会人の同席を認めず、本件各立会人が同席しない状況で帳簿書類等を提示するよう請求人に繰り返し協力を求め、また、上記ロの(ト)、(チ)及び(ヌ)のとおり、請求人との電話でのやり取り（令和元年10月28日、同月31日、同年11月11日及び同年12月2日）においても、請求人に対し、本件各立会人が同席しない状況で帳簿書類等を提示するよう繰り返し求めたにもかかわらず、請求人は、一貫してその求めに応じなかったことが認められる。このような状況においては、本件調査担当職員が、適正な課税を実現するために必要な資料を的確に収集することはできないから、本件各取引先調査を行う必要性があったと認められる。

　　以上のことから、本件各取引先調査は、本件調査担当職員の質問検査権の行使として適法なものであり、質問検査の必要性と相手方の私的利益との衡量において社会通念上相当な限度を超えて不当と評価すべき行為があったことを示す事実は認められない。

　　なお、税務運営方針については、上記(イ)で述べたとおり、税務運営方針に定められた内容を根拠として具体的な調査が直ちに違法又は不当となるものではないから、この点に関する請求人の主張には理由がない。

(ハ)　以上のとおり、本件調査に係る手続には原処分を取り消すべき違法又は不当があったとは認められないから、請求人の主張にはいずれも理由がない。

(2)　争点2（推計の必要性及び合理性が認められるか否か。）について

イ　推計の必要性の有無

(イ)　法令解釈

　　所得税法第156条の規定による推計課税は、十分な直接の証拠資料がないため、所得金額を実額で捕捉できない場合に、蓋然的近似値を一応真実の所得金額と認定して課税する制度である。他方、課税は飽くまで実額によることが原則である以上、推計課税は、①納税義務者が帳簿書類等を備え付けておらず収支の内容を明らかにすることができないとき、②帳簿書類等の備付けがあって

もその内容に信ぴょう性が認められないとき、③納税義務者が税務調査に際し帳簿書類等の提出を拒むときなど、実額によって所得金額を捕捉することが不可能又は著しく困難であり、推計によらざるを得ない場合に限って許されるものと解されている。

(ロ)　検討

　　上記(1)のロのとおり、本件調査担当職員は、請求人宅への臨場時及び請求人との電話でのやり取りにおいて、請求人に対し、本件各立会人が同席しない状況で所得計算の基礎となる帳簿書類等を提示するよう繰り返し求めたにもかかわらず、請求人は、本件各立会人の立会いに固執し、一貫して本件調査担当職員の上記要請に応じなかったことが認められる。この事実に照らせば、原処分庁としては、帳簿書類等を基礎とする実額によって請求人の所得金額を把握し、課税することは不可能又は著しく困難であったから、本件には推計の必要性があったと認めるのが相当である。

(ハ)　請求人の主張について

　　請求人は、上記3の(2)の「請求人」欄のイのとおり、①請求人は取引に係る帳簿の記載及び原始記録の保存を行っており、原処分庁が適法に質問検査権を行使すれば実額課税できたにもかかわらず、あえて推計により原処分を行ったこと、及び②請求人の個人情報については、請求人が立会いを求めている限り守秘義務の問題にならず、また、本件調査担当職員は、本件各立会人を遠ざけるなどの調整を行うことなく帳簿書類等の検査を自ら拒否したのであり、本件調査担当職員が守秘義務を理由に帳簿書類等の検査を行わなかったことに正当性はないことから、推計の必要性があったとは認められない旨主張する。

　　しかしながら、本件調査における帳簿書類等の提示については、上記(1)のハの(ロ)のとおりであり、①請求人が主張する帳簿の記載及び原始記録の保存が仮にあったとしても、本件調査担当職員がその内容を精査して税額の計算の基礎となる金額が確認できる状態にされなければ、請求人から実額計算が可能となるような適切な帳簿書類等の提示があったといえず、実額課税ができなかったこと、②本件調査担当職員は、守秘義務の観点から請求人及び取引先等の営業に関する事項の秘密を守る必要があり、本件各立会人を退席させるよう再三にわたり求めたが、請求人はこれに応じなかったため、請求人が用意していた帳

簿書類等と称する書類を確認することなく辞去したことは合理的な判断であったといえることから、請求人が主張するような「検査を自ら拒否した。」といった評価に当たらない。

したがって、推計の必要性があったと認められるから、請求人の主張には理由がない。

ロ　推計の合理性の有無

(イ)　認定事実

原処分関係資料並びに当審判所の調査及び審理の結果によれば、以下の事実が認められる。

A　原処分庁は、別表3－1の「原処分庁主張額」欄の「合計」欄のとおり、本件各取引先調査により、請求人の本件各年分の事業所得に係る総収入金額を把握した。

B　原処分庁は、請求人と業種及び業態に類似性があり、事業規模が同規模程度であると判断した同業者（以下「本件類似同業者」という。）の抽出基準として、本件各年分において、①林業を営んでいる個人事業者であること、②J税務署及び隣接する○税務署の管内に事業所を有すること、③青色申告書により所得税等の確定申告書を提出していること、④林業以外の事業を兼業していないこと、⑤事業所得に係る総収入金額が請求人の総収入金額の0.5倍以上2倍以下の範囲にあること、⑥元請先等から伐採、伐採後の整地及び植栽に係る労務作業を請け負っている者であること、⑦開業又は廃業の事実がなく、一年を通じて事業を営んでいることの全ての条件に該当する者を機械的に、平成28年分は4名、平成29年分及び平成30年分は各5名をそれぞれ抽出した。

なお、原処分時点において、上記抽出基準に基づき抽出された者の中に、申告内容について不服申立中又は係争中の者は含まれていない。

C　原処分庁は、上記Bで抽出した本件類似同業者の総収入金額に対する所得金額（青色申告者に対してのみ認められる青色事業専従者給与等の特典を除いた所得金額をいい、以下「特前所得金額」という。）の割合を算出してその平均値（以下「平均所得率」という。）を求め、これを上記Aの総収入金額に乗じ、更に平成28年分及び平成29年分については事業専従者控除額を差

し引くことにより、請求人の本件各年分の事業所得の金額を算定した。

(ロ)　検討

　　請求人は、当審判所の調査・審理手続において、実額計算に係る主張をしないことから、当審判所においても、原処分庁の採用した推計方法の当否を原処分関係資料等により検討するとともに、推計の方法により請求人の本件各年分の事業所得の金額を算定する。

A　推計方法の合理性について

　　原処分庁は、上記(イ)のCのとおり、請求人の本件各年分の事業所得の金額を算定している。

　　一般に、業種、業態及び事業規模に類似性のある同業者にあっては、特段の事情がない限り、同程度の総収入金額に対し同程度の所得を得るのが通例であり、また、同業者間に通常存する程度の営業条件の差異は、同業者の比率から平均値を算出する過程において捨象されることからすれば、原処分庁が採用した上記(イ)の推計方法は、抽出された同業者に類似性が認められ、かつ、その基礎数値等が正確なものである限り、合理性を有すると認めるのが相当である。

B　本件各年分の事業所得に係る総収入金額の正確性について

　　原処分庁は、上記(イ)のAのとおり、本件各取引先調査により請求人の本件各年分の事業所得に係る総収入金額を把握しているところ、当審判所の調査及び審理の結果においても、請求人の本件各年分の事業所得に係る総収入金額は、それぞれ別表3-1の「審判所認定額」欄のとおりとなり、原処分庁が把握した額といずれも同額となるから、原処分庁が把握した請求人の本件各年分の事業所得に係る総収入金額は、推計の基礎となる事実として正確に把握されていると認められる。

C　本件類似同業者の抽出基準及び抽出方法の合理性について

　　原処分庁は、本件類似同業者を抽出するに当たり、業種及び業態の類似性、個人又は法人の別、事業所の所在地の近接性、資料の正確性並びに事業規模の類似性等に係る基準を設けて、上記(イ)のBのとおり、これらの条件に全て該当する者を抽出したのであるから、原処分庁が採用した抽出基準は、請求人との類似性を判別する要件として合理性を有するものであり、また、その

抽出過程に原処分庁の恣意が介在したとの事実は認められないことから適切である。そして、平均所得率の算出に使用した資料は、いずれも帳簿書類等が整っている青色申告者の決算書であり、かつ、申告内容について不服申立中又は係争中ではない者のものであるから、その信頼性ないし正確性は高いものであり、さらに、本件類似同業者の件数も、各同業者の個別性を平均化するに足るものということができるため、本件類似同業者と請求人との間には類似性があり、原処分庁の本件類似同業者の抽出基準及び抽出方法は、一応の合理性を有するものであると認められる。

D 事業所得の金額の計算について

　上記AないしCを基に請求人の本件各年分の事業所得の金額を計算すると、次のとおりとなる。

(A) 本件各年分の事業所得に係る総収入金額

　請求人の本件各年分の事業所得に係る総収入金額は、上記Bのとおり、別表3－1の「審判所認定額」欄の「合計」欄のとおりとなる。

(B) 本件各年分の平均所得率

　原処分庁は、請求人の本件各年分における平均所得率について、別表3－2の「原処分庁主張率」欄の「平均所得率」欄のとおり、それぞれ平成28年分が14.73％、平成29年分が10.27％及び平成30年分が16.09％となる旨主張する。

　しかしながら、平成29年分の平均所得率の計算過程において、本件類似同業者のうち1名に損失の金額が生じていたにもかかわらず、その者の所得率を0.00％で計算しているところ、当審判所の調査したところによると、その者の平成29年分の所得率を0.00％とすべき特殊な事情は認められないことから、当該所得率は損失の金額で算出した△19.17％で計算すべきである。

　そこで、当審判所において再計算した結果、本件各年分の平均所得率は、それぞれ別表3－2の「審判所認定率」欄の「平均所得率」欄のとおり、平成28年分が14.73％、平成29年分が6.43％及び平成30年分が16.09％となる。

(C) 本件各年分の事業所得の金額

　請求人の本件各年分の事業所得の金額は、上記(A)の本件各年分の事業所

得に係る総収入金額に上記(B)の平均所得率を乗じ、平成28年分及び平成29年分については事業専従者控除額860,000円を控除して計算すると、それぞれ別表3-3の「審判所認定額」欄の「所得金額（事業所得）」欄のとおり、平成28年分が○○○○円、平成29年分が○○○○円及び平成30年分が○○○○円となる。

(ハ)　請求人の主張について

　　請求人は、上記3の(2)の「請求人」欄のロのとおり、①青色申告の承認を受けた者の確定申告が適切になされており、これをもって請求人の確定申告と比較しうる根拠が示されていないこと、②原処分庁が請求人の所得金額の推計に用いた業態が、請求人には全く不明であり、原処分庁が所得率の高い同業者だけを選んで推計の基礎に用いた可能性も否定できないこと、及び③本件各年分の平均所得率は、年分によってかなりの開差があることから、推計の合理性があるとはいえない旨主張する。

　　しかしながら、上記(ロ)のCのとおり、原処分庁が採用した本件類似同業者の抽出基準及び抽出方法は合理性を有するものであり、その抽出過程に原処分庁の恣意が介在したとの事実は認められない。また、同業者の平均値により推計する場合には、請求人と業種、業態及び事業規模等が類似する相当数の同業者を年分ごとに抽出し、その平均値を算出することによって、推計の合理性が高められるのであるから、本件各年分の平均所得率が年分ごとに開差があるからといって、そのことをもって原処分庁の推計方法に合理性がないというのは相当ではない。

　　したがって、この点に関する請求人の主張は理由がない。

(3)　争点3（仕入税額控除が認められるか否か。）について

イ　法令解釈

　　事業者が消費税法第30条第1項に規定する仕入税額控除の適用を受けるには、消費税法施行令第50条《課税仕入れ等の税額の控除に係る帳簿等の保存期間等》第1項に規定するとおり、消費税法第30条第7項に規定する仕入税額控除に係る帳簿及び請求書等（帳簿については同条第8項第1号、請求書等については同条第9項第1号）を整理し、これらを所定の期間及び場所において、通則法第74条の2第1項の規定に基づく税務職員による検査に当たって適時にこれを提示する

ことが可能なように態勢を整えて保存することを要するのであって、事業者がこれを行っていなかった場合には、消費税法第30条第7項に規定する帳簿及び請求書等を保存しない場合に該当し、事業者が災害その他やむを得ない事情によりこれをすることができなかったことを証明しない限り（同項ただし書）、同条第1項の規定は適用されないものと解される（最高裁平成16年12月16日第一小法廷判決・民集58巻9号2458頁参照）。

ロ　検討

　本件調査担当職員は、上記(1)のロのとおり、請求人に対し、請求人宅への臨場時又は電話連絡時において、帳簿書類等の提示がない場合には消費税の仕入税額控除の適用を受けることはできない旨を繰り返し説明した上で、本件各立会人が同席しない状況で帳簿書類等を提示するよう求めていたにもかかわらず、請求人はこれに応じなかったと認められる。

　これらの各事実によれば、請求人は、通則法第74条の2第1項の規定に基づく調査担当職員の検査に当たって適時に提示することが可能なように態勢を整えて帳簿書類等を保存していたとはいえない。また、消費税法第30条第7項ただし書に該当するような事情も認められない。

　したがって、請求人の本件各課税期間の消費税について、仕入税額控除は適用されない。

ハ　請求人の主張について

　請求人は、上記3の(3)の「請求人」欄のとおり、本件調査を通して本件調査担当職員に対し、帳簿書類等を提示していたにもかかわらず、本件調査担当職員が自ら検査及び調査を拒否しているが、請求人が立会人の立会いを求めている限り守秘義務の問題とならず、検査及び調査が可能であったことから、本件は消費税法第30条第7項に規定する「課税仕入れ等の税額の控除に係る帳簿及び請求書等を保存しない場合」に該当せず、仕入税額控除を適用することができる旨主張する。

　しかしながら、上記(1)のロのとおり、本件調査の経過等によれば、請求人は、本件調査担当職員から本件各立会人が同席しない状況で帳簿書類等を提示するよう繰り返し求められたにもかかわらず、一貫してその求めに応じなかったことからすると、請求人は、本件調査において帳簿書類等を提示したということはでき

ないのであるから、通則法第74条の２第１項の規定に基づく調査担当職員による検査に当たって適時にこれを提示することが可能なように態勢を整えて帳簿書類等を保存していたとはいえない。

また、上記(1)のハの(ロ)のとおり、本件調査担当職員が、本件各立会人を退席させるよう求めたところ、請求人がこれに応じなかったため、請求人が用意していた帳簿書類等と称する書類を確認することなく辞去したことは合理的な判断であったといえるから、請求人が主張するような「自ら検査及び調査を拒否」したといった評価には当たらず、上記ロの判断を左右するものともいえない。

したがって、請求人の主張には理由がない。

(4) 本件各年分の所得税等に係る各更正処分の適法性について

イ 平成28年分及び平成30年分の所得税等に係る各更正処分

当審判所で認定した請求人の平成28年分及び平成30年分の事業所得の金額は、別表３－３の「審判所認定額」欄の「所得金額（事業所得）」欄のとおりとなり、当該各年分における総所得金額は、別表３－３の「審判所認定額」欄の「総所得金額」欄のとおりとなる。そして、当該総所得金額に基づき請求人の平成28年分及び平成30年分の納付すべき各税額を算出すると、それぞれ別表３－３の「審判所認定額」欄の「納付すべき税額」欄のとおりとなり、平成28年分及び平成30年分の所得税等に係る各更正処分における所得税等の額と同額となる。

なお、請求人は、平成28年分及び平成30年分の所得税等に係る各更正処分のその他の部分については争わず、当審判所に提出された証拠資料等によっても、これを不相当とする理由は見当たらない。

したがって、平成28年分及び平成30年分の所得税等に係る各更正処分はいずれも適法である。

ロ 平成29年分の所得税等に係る更正処分

当審判所で認定した請求人の平成29年分の事業所得の金額は、別表３－３の「審判所認定額」欄の「所得金額（事業所得）」欄のとおりとなり、総所得金額もこれと同額となる。そして、当該総所得金額に基づき請求人の平成29年分の納付すべき税額を算出すると、別表３－３の「審判所認定額」欄の「納付すべき税額」欄のとおり○○○○円となるところ、これらの総所得金額及び納付すべき税額は、平成29年分の所得税等に係る更正処分における総所得金額及び納付すべき

税額をいずれも下回ることとなる。

　なお、請求人は、平成29年分の所得税等に係る更正処分のその他の部分については争わず、当審判所に提出された証拠資料等によっても、これを不相当とする理由は見当たらない。

　したがって、平成29年分の所得税等に係る更正処分は、その一部を別紙1の「取消額等計算書」のとおり取り消すべきである。

(5) 本件各年分の所得税等に係る過少申告加算税の各賦課決定処分の適法性について

　イ　平成28年分及び平成30年分の所得税等に係る過少申告加算税の各賦課決定処分

　　上記(4)のイのとおり、平成28年分及び平成30年分の所得税等に係る各更正処分はいずれも適法であり、当該各更正処分により納付すべき税額の計算の基礎となった事実が当該各更正処分前の税額の基礎とされていなかったことについて、通則法第65条《過少申告加算税》第4項に規定する「正当な理由」があるとは認められない。

　　そして、当審判所においても、請求人の平成28年分及び平成30年分の所得税等に係る過少申告加算税の額は、通則法第65条第1項及び第2項の規定に基づいてされた平成28年分及び平成30年分の所得税等に係る過少申告加算税の各賦課決定処分の額と同額であると認められる。

　　したがって、平成28年分及び平成30年分の所得税等に係る過少申告加算税の各賦課決定処分はいずれも適法である。

　ロ　平成29年分の所得税等に係る過少申告加算税の賦課決定処分

　　上記(4)のロのとおり、平成29年分の所得税等に係る更正処分の一部が取り消されることに伴い、過少申告加算税の基礎となる税額は○○○○円となるところ、当該更正処分により納付すべき税額の計算の基礎となった事実が当該更正処分前の税額の計算の基礎とされていなかったことについて、通則法第65条第4項に規定する「正当な理由」があるとは認められない。

　　そして、これに基づき平成29年分の所得税等に係る過少申告加算税の額を計算すると○○○○円となり、平成29年分の所得税等に係る過少申告加算税の賦課決定処分の額を下回るから、当該賦課決定処分は、その一部を別紙1の「取消額等計算書」のとおり取り消すべきである。

(6) 本件各課税期間の消費税等に係る各更正処分の適法性について

請求人の本件各課税期間に係る基準期間における課税売上高は、いずれも1,000万円を超えていることから、請求人は、本件各課税期間において、消費税法第９条《小規模事業者に係る納税義務の免除》第１項の規定の適用を受けない。

　　そして、本件各課税期間の課税標準額は、別表２の本件各課税期間の「課税標準額」欄と同額となるところ、これに基づき本件各課税期間の消費税等の額を計算すると、いずれも本件各課税期間の消費税等に係る各更正処分の額と同額となる。

　　なお、請求人は、本件各課税期間の消費税等に係る各更正処分のその他の部分については争わず、当審判所に提出された証拠資料等によっても、これを不相当とする理由は認められない。

　　したがって，本件各課税期間の消費税等に係る各更正処分はいずれも適法である。

(7)　本件各課税期間の消費税等に係る過少申告加算税の各賦課決定処分の適法性について

　　上記(6)のとおり、本件各課税期間の消費税等に係る各更正処分はいずれも適法であり、当該各更正処分により納付すべき税額の計算の基礎となった事実が当該各更正処分前の税額の基礎とされなかったことについて、通則法第65条第４項に規定する「正当な理由」があるとは認められない。

　　そして、当審判所においても、請求人の本件各課税期間の消費税等に係る過少申告加算税の額は、通則法第65条第１項及び第２項並びに地方税法附則第９条の４《譲渡割の賦課徴収の特例等》及び第９条の９《譲渡割に係る延滞税等の計算の特例》第１項の規定に基づいてされた本件各課税期間の消費税等に係る過少申告加算税の各賦課決定処分の額といずれも同額であると認められる。

　　したがって、本件各課税期間における消費税等に係る過少申告加算税の各賦課決定処分はいずれも適法である。

5　結　論

　　よって、審査請求は理由があるから、原処分の一部を取り消すこととする。

別表1　審査請求に至る経緯（所得税等）（省略）

別表2　審査請求に至る経緯（消費税等）（省略）

別表3－1　請求人の収入金額（事業所得）の内訳（省略）

別表3－2　本件類似同業者の平均所得率（省略）

別表3－3　所得税等の総所得金額及び納付すべき税額等（省略）


別紙1　取消額等計算書（省略）

別紙2

# 関係法令

## 1 国税通則法関係

(1) 国税通則法（以下「通則法」という。）第74条の2《当該職員の所得税等に関する調査に係る質問検査権》第1項は、税務署の当該職員は、所得税又は消費税に関する調査について必要があるときは、①所得税法の規定による所得税の納税義務がある者又は納税義務があると認められる者、②①に掲げる者に金銭若しくは物品の給付をする義務があったと認められる者若しくは当該義務があると認められる者又は①に掲げる者から金銭若しくは物品の給付を受ける権利があったと認められる者若しくは当該権利があると認められる者、③消費税法の規定による消費税の納税義務がある者又は納税義務があると認められる者、④③に掲げる者に金銭の支払若しくは資産の譲渡等をする義務があると認められる者又は③に掲げる者から金銭の支払若しくは資産の譲渡等を受ける権利があると認められる者に質問し、その者の事業に関する帳簿書類その他の物件を検査し、又は当該物件の提示若しくは提出を求めることができる旨規定している。

(2) 通則法第74条の9《納税義務者に対する調査の事前通知等》第1項は、税務署長は、当該職員に納税義務者に対し実地の調査において質問検査等を行わせる場合には、あらかじめ、当該納税義務者（当該納税義務者について税務代理人がある場合には、当該税務代理人を含む。）に対し、その旨及び①質問検査等を行う実地の調査を開始する日時（同項第1号）、②調査を行う場所（同項第2号）、③調査の目的（同項第3号）、④調査の対象となる税目（同項第4号）、⑤調査の対象となる期間（同項第5号）、⑥調査の対象となる帳簿書類その他の物件（同項第6号）及び⑦その他調査の適正かつ円滑な実施に必要なものとして政令で定める事項（同項第7号）を通知するものとする旨規定している。

(3) 通則法第74条の10《事前通知を要しない場合》は、同法第74条の9第1項の規定にかかわらず、税務署長が調査の相手方である納税義務者の申告若しくは過去の調査結果の内容又はその営む事業内容に関する情報その他国税庁等が保有する情報に鑑み、違法又は不当な行為を容易にし、正確な課税標準等又は税額等の把握を困難

にするおそれその他国税に関する調査の適正な遂行に支障を及ぼすおそれがあると
認める場合には、同項の規定による通知を要しない旨規定している。

2　所得税法関係

　　所得税法第156条《推計による更正又は決定》は、税務署長は、居住者に係る所得
税につき更正又は決定をする場合には、その者の財産若しくは債務の増減の状況、収
入若しくは支出の状況又は生産量、販売量その他の取扱量、従業員数その他事業の規
模によりその者の各年分の各種所得の金額又は損失の金額を推計して、これをするこ
とができる旨規定している。

3　消費税法関係

　　消費税法（平成31年法律第6号による改正前のもの。以下同じ。）第30条《仕入れ
に係る消費税額の控除》第1項は、事業者が、国内において行う課税仕入れについて
は、当該課税仕入れを行った日の属する課税期間の同法第45条《課税資産の譲渡等及
び特定課税仕入れについての確定申告》第1項第2号に掲げる課税標準額に対する消
費税額から、当該課税期間中に国内において行った課税仕入れに係る消費税額を控除
する旨規定している（以下、同項の規定による控除を「仕入税額控除」という。）。

　　また、同法第30条第7項本文は、事業者が当該課税期間の仕入税額控除に係る帳簿
及び請求書等を保存しない場合には、当該保存がない課税仕入れ等の税額については、
同条第1項の規定は適用しない旨規定し、同条第7項ただし書は、災害その他やむを
得ない事情により、当該保存をすることができなかったことを当該事業者において証
明した場合はこの限りでない旨規定している。

# 三　相続税法関係

〈令和3年4月〜6月分〉

事例7 （贈与事実の認定 現金等）

前住職から請求人への資金移動により相続税法第66条第4項に規定する贈与者である前住職の親族等の相続税の負担が不当に減少する結果になるとは認められないとした事例（平成27年分贈与税の決定処分及び無申告加算税の賦課決定処分・全部取消し・令和3年5月20日裁決）

《ポイント》

本事例は、前住職から請求人への資金移動は、相続税法第66条第4項に規定する財産の贈与に該当すると認められるものの、前住職及びその親族が、請求人の業務運営、財産運用及び解散した場合の財産の帰属等を事実上私的に支配している事実は認められないことから、相続税法第66条《人格のない社団又は財団等に対する課税》第4項に規定する贈与者である前住職の親族等の相続税の負担が不当に減少する結果となるとは認められないとしたものである。

《要旨》

原処分庁は、請求人が相続税法施行令第33条《人格のない社団又は財団等に課される贈与税等の額の計算の方法等》第3項第1号ないし第3号の各要件をいずれも満たしていないことに加え、①前住職から請求人への資金移動（本件資金移動）の時点における請求人の役員の3分の2を前住職及びその親族（前住職ら）で占めており、請求人の業務を自由に裁量できる立場であったこと、②請求人は前住職らに対し、生活費の供与など特別の利益を与えていること、及び③請求人が解散した場合、前住職らに財産が帰属することなどを理由として、前住職から請求人への資金移動により相続税法第66条第4項に規定する贈与者である前住職の親族等の相続税の負担が不当に減少する結果となる旨主張する。

しかしながら、請求人は上記施行令の規定には該当しないものの、①前住職らによる請求人の業務運営及び財産管理については、請求人の総代が相当程度に監督しているものと認められるほか、前住職らが私的に業務運営や財産管理を行っていたとまでは認められないこと、②前住職らが、本件資金移動の時点において、請求人の財産から私的に生活費などの財産上の利益を享受した事実は見当たらないこと、及び③前住職らが恣意

的に請求人を解散し、その財産を私的に支配することができるとはいえないことから、本件資金移動は、前住職から請求人への贈与に該当するとしても、本件資金移動により相続税法第66条第4項に規定する前住職の親族等の相続税の負担が不当に減少する結果となるとは認められない。

《参照条文等》

　相続税法第9条、第66条第4項

　相続税法施行令第33条第3項

《参考判決・裁決》

　東京高裁昭和49年10月17日判決（行集25巻10号1254頁）

　東京高裁昭和50年9月25日判決（行集26巻9号1023頁）

　昭和50年9月30日裁決（裁決事例集 No.11）

（令和3年5月20日裁決）

《裁決書（抄）》

1 事 実

(1) 事案の概要

　　本件は、宗教法人である審査請求人（以下「請求人」という。）の前住職が、自己名義の預金口座から請求人名義の預金口座へ金員を移動させたことについて、原処分庁が、当該金員の移動は持分の定めのない法人に対する財産の贈与であり、前住職の親族の相続税の負担が不当に減少する結果になるとして、相続税法第66条《人格のない社団又は財団等に対する課税》第4項の規定により、請求人を個人とみなして贈与税の決定処分等をしたのに対し、請求人が、当該金員の移動は前住職名義で管理していた請求人の財産を真実の所有者の預金口座へ移動させただけであるから、前住職から請求人への財産の贈与ではないなどとして原処分の全部の取消しを求めた事案である。

(2) 関係法令

　イ　相続税法第9条は、対価を支払わないで利益を受けた場合においては、当該利益を受けた時において、当該利益を受けた者が、当該利益を受けた時における当該利益の価額に相当する金額を当該利益を受けさせた者から贈与により取得したものとみなす旨規定している。

　ロ　相続税法第66条第1項は、代表者又は管理者の定めのある人格のない社団又は財団に対し財産の贈与があった場合においては、当該社団又は財団を個人とみなして、これに贈与税を課する旨規定している。

　ハ　相続税法第66条第4項は、前3項の規定は、持分の定めのない法人に対し財産の贈与があった場合において、当該贈与により当該贈与をした者の親族その他これらの者と相続税法第64条第1項に規定する特別の関係がある者の相続税又は贈与税の負担が不当に減少する結果となると認められるときについて準用し、この場合において、第1項中「代表者又は管理者の定めのある人格のない社団又は財団」とあるのは「持分の定めのない法人」と、「当該社団又は財団」とあるのは「当該法人」と読み替えるものとする旨規定している。

　ニ　相続税法第66条第6項は、同条第4項の相続税又は贈与税の負担が不当に減少する結果となると認められるか否かの判定その他同項の規定の適用に関し必要な

事項は、政令で定める旨規定している。

ホ　相続税法施行令第33条《人格のない社団又は財団等に課される贈与税等の額の計算の方法等》第3項（平成30年3月政令第134号による改正前のもの。以下「本件施行令」という。）は、贈与により財産を取得した相続税法第65条第1項に規定する持分の定めのない法人が、次に掲げる要件を満たすときは、同法第66条第4項の相続税又は贈与税の負担が不当に減少する結果となると認められないものとする旨規定している。

(イ)　その運営組織が適正であるとともに、その寄附行為、定款又は規則において、その役員等のうち親族関係を有する者及びこれらと一定の特殊の関係がある者（次号において「親族等」という。）の数がそれぞれの役員等の数のうちに占める割合は、いずれも3分の1以下とする旨の定めがあること（第1号）。

(ロ)　当該法人に財産の贈与若しくは遺贈をした者、当該法人の設立者、社員若しくは役員等又はこれらの者の親族等に対し、施設の利用、余裕金の運用、解散した場合における財産の帰属、金銭の貸付け、資産の譲渡、給与の支給、役員等の選任その他財産の運用及び事業の運営に関して特別の利益を与えないこと（第2号）。

(ハ)　その寄附行為、定款又は規則において、当該法人が解散した場合にその残余財産が国若しくは地方公共団体又は公益社団法人若しくは公益財団法人その他の公益を目的とする事業を行う法人（持分の定めのないものに限る。）に帰属する旨の定めがあること（第3号）。

(ニ)　当該法人につき法令に違反する事実、その帳簿書類に取引の全部又は一部を隠蔽し、又は仮装して記録又は記載をしている事実その他公益に反する事実がないこと（第4号）。

(3)　基礎事実

当審判所の調査及び審理の結果によれば、次の事実が認められる。

イ　請求人は、昭和28年5月○日にH宗（J派）の寺院として設立された宗教法人法に基づく宗教法人であり、法人税法第2条《定義》第6号に規定する公益法人等である。

ロ　K（以下「前住職」という。）は、昭和42年7月から平成28年8月○日に死亡するまでの間、請求人の代表役員を務めていた。

なお、前住職は、平成２年までは教員として勤務していた。

ハ　前住職の長男であるＦ（以下「現住職」という。）は、前住職の死亡後、請求
　　人の代表役員を引き継いだ。

　　　なお、現住職は、平成10年から継続して請求人の責任役員を務めており、前住
　　職の死亡当時、教員として勤務していた。

ニ　現住職の妻であるＬ（以下「現住職の妻」という。）は、平成18年に前住職か
　　ら請求人の経理担当を引き継ぎ、請求人の法要収入等を記録しているノート（以
　　下「本件ノート」という。）も併せて引き継いだ。

ホ　前住職は、平成27年４月22日、Ｍ銀行○○出張所の前住職名義の普通預金（口
　　座番号○○○○。以下「前住職名義口座１」という。）から○○○○円を払い出
　　し、同日、同出張所に開設した請求人名義の普通預金口座（口座番号○○○○。
　　以下「請求人名義口座１」という。）へ入金した（以下、この資金移動を「本件
　　資金移動１」という。）。

ヘ　前住職は、平成27年４月27日、前住職名義の債券（国債）の売却代金
　　19,985,514円を、また、翌28日、前住職名義の投資信託の解約金9,050,601円を、そ
　　れぞれ前住職名義口座１へ入金した。

　　　そして、前住職は、平成27年４月28日、前住職名義口座１から○○○○円を払
　　い出し、請求人名義口座１へ入金した（以下、この資金移動を「本件資金移動
　　２」という）。

ト　前住職は、平成27年４月28日、Ｎ銀行○○支店の前住職名義の定期預金（口座
　　番号○○○○。以下「前住職名義口座２」という。）を解約し、その解約金のう
　　ち○○○○円を同支店の請求人名義の定期預金（口座番号○○○○）として預け
　　入れた（以下、この資金移動を「本件資金移動３」といい、本件資金移動１ない
　　し本件資金移動３を併せて「本件各資金移動」という。また、本件各資金移動の
　　ために前住職名義口座１及び前住職名義口座２から払出し等をした金員の合計○
　　○○○円を「本件金員」という。）。

チ　Ｐ県に提出された請求人の財産目録によれば、本件金員に相当する預金等につ
　　いて、平成26年３月31日現在までの各財産目録には記載がなく、本件各資金移動
　　の後に提出された平成27年３月31日現在以後の各財産目録には記載がある。

リ　請求人は、平成26年に、現住職の子であるＱ（以下「現住職の子」という。）

が居住する建物（以下「本件建物」という。）を請求人の敷地内に新築した。

ヌ　請求人の寺院規則「宗教法人『E寺』規則」（以下「本件寺院規則」という。）は、要旨次のとおり定めている。

(イ)　代表役員は、請求人の住職の職にある者をもって充てる（第6条第1項）。

(ロ)　代表役員は、この法人を代表し、その事務を総理する（第7条）。

(ハ)　請求人に責任役員を3名置く（第8条）。

(ニ)　代表役員以外の責任役員は、請求人に僧籍を有する者のうちから代表役員が総代の同意を得て選定した者1名及び総代が選定した者1名とする（第9条）。

(ホ)　請求人に門徒から選定した3名の総代を置く（第16条第1項及び第2項）。

(ヘ)　総代は、この寺院の業務について勧告及び助言をすることができる（第17条第2項）。

(ト)　主要建物の新改築並びに主要な境内建物及び境内地の用途の変更等については、あらかじめ総代の同意を得なければならない（第18条）。

(チ)　基本財産は、不動産、有価証券、現金及び預金について、総代の同意を得て設定した財産とする（第23条）。

(リ)　請求人が合併し、又は解散しようとするときは、責任役員の定数の全員及び総代並びに門徒の3分の2以上の同意を得て、管長の承認及びR県知事の認証を受けなければならない（第37条）。

(ヌ)　請求人が解散したときは、その残余財産は解散当時の住職に帰属する（第39条第1項）。

前項の規定によることができないときは、清算人は総代の同意を得て○○姓を名乗る解散直前の住職の遺産継承者にその財産を公平に分配しなければならない（第39条第2項）。

前二項の規定によることができないときは、清算人は総代の同意を得て、J派、J派に包括される宗教団体、又は公益事業のためにその財産を処分することができる（第39条第3項）。

(4)　審査請求に至る経緯

イ　原処分庁は、原処分庁所属の調査担当職員の調査に基づき、相続税法第66条第4項の規定により請求人を個人とみなして、令和2年1月21日付で、請求人に対して、平成27年分の贈与税について、取得した財産の価額を○○○○○円及び納付

すべき税額を○○○○円とする決定処分並びに無申告加算税の額を○○○○円と
する賦課決定処分（以下、決定処分と併せて「本件決定処分等」という。）をし
た。

ロ　請求人は、令和2年4月3日、本件決定処分等を不服として再調査の請求を行
ったところ、再調査審理庁は、同年6月29日付でいずれも棄却する旨の再調査決
定をした。

ハ　請求人は、令和2年7月28日、再調査決定を経た後の本件決定処分等に不服が
あるとして審査請求をした。

2　争　点

(1)　本件各資金移動は、いずれも前住職から請求人への財産の贈与に該当するか否か
（相続税法第66条第4項に規定する財産の贈与の有無（争点1））。

(2)　本件各資金移動により相続税法第66条第4項に規定する相続税の負担が不当に減
少する結果となると認められるか否か（争点2）。

3　争点についての主張

(1)　争点1（本件各資金移動は、いずれも前住職から請求人への財産の贈与に該当す
るか否か（相続税法第66条第4項に規定する財産の贈与の有無)。）について

| 原処分庁 | 請求人 |
|---|---|
| イ　本件金員の帰属について | イ　本件金員の帰属について |
| 　一般的には、財産は名義人がその真実の所有者であり、外観と実質が一致するのが通常と考えられること及び贈与事実の認定には困難が伴うことからすると、贈与事実の認定は、その実質が贈与でないという反証が特にない限り、外観によって認定すべきである。 | 　前住職名義で管理している金融資産には、請求人の余剰金を原資とする請求人に帰属する財産と、前住職の個人収入を原資とする個人に帰属する財産が存在しており、請求人に帰属する財産は、○千万円程度あり、主に定期預金及び国債等で管理されてきた。 |
| 　前住職名義口座1及び前住職名義口座2は、①その原資が前住職に帰属する収入や前住職名義の債券、投資信託及び定期預金から形成されており、② | 　この点、本件金員の額を教員時代の給与や年金収入で蓄財できたとは考え難い上、前住職から現住職の妻へ経理が引き継がれた平成18年以後の請求人 |

— 141 —

いずれも現住職の妻に引き継がずに前住職が管理していたことなどからすれば、いずれも前住職に帰属するものと認められる。

そうすると、本件各資金移動は、前住職に帰属する本件金員が請求人に帰属する預金口座に入金されたものになる。

ロ　贈与に該当するか否かについて

本件金員が前住職以外の者に帰属すると認められる証拠や、本件金員が前住職又はその法定相続人に対し返還された事実といった、本件各資金移動を贈与と認定することに対する反証は認められない。

したがって、本件各資金移動は、いずれも前住職から請求人への贈与と認められる。

仮に、本件各資金移動が本来の贈与であるとは認められないとしても、請求人は、本件各資金移動により財産が増加していることから、実質的に贈与と同様の経済的利益を受けていると認められ、贈与契約の有無にかかわらず

の収支から発生する余剰金からみて、平成17年以前において本件金員程度の蓄財がされて請求人に帰属していたものと認められる。

また、本件金員のうち、過去から定期性預金等として運用してきた元金○○○○円の推移をみても、前住職がこれらを個人的に費消した事実は一切ないから、前住職もこれらを請求人に帰属する財産であると認識していたものと考えられる。

したがって、本件金員は、実質的に請求人に帰属する財産である。

ロ　贈与に該当するか否かについて

本件各資金移動は、いずれも実質的に請求人に帰属する財産を本来の権利者の名義の預金口座へ移動させたものにすぎないから、前住職から請求人への贈与ではない。

| | |
|---|---|
| 前住職から贈与を受けたとみなされることになる。 | |

(2) 争点2（本件各資金移動により相続税法第66条第4項に規定する相続税の負担が不当に減少する結果となると認められるか否か。）について

| 原処分庁 | 請求人 |
|---|---|
| イ　請求人における本件施行令各号に掲げる要件の該当性については、第4号の要件を満たしているほかは、次のとおりである。 | イ　請求人における本件施行令各号に掲げる要件の該当性については、第4号の要件を満たしているほか、次のとおりである。 |
| ㈠　本件施行令第1号について<br>　　本件寺院規則においては、請求人の役員等のうち、親族関係を有する者及び本件施行令第1号に規定する特殊の関係がある者の数がそれぞれの役員等の数のうちに占める割合をいずれも3分の1とする旨の定めはない。<br>　　したがって、本件施行令第1号の要件を満たさない。 | ㈠　本件施行令第1号について<br>　　本件寺院規則は、役員等のうち親族関係を有する者の占める割合を3分の1以下とする定めはない。<br>　　したがって、本件施行令第1号の要件を形式的には満たしていない。<br>　　しかしながら、本件寺院規則は、請求人の本山であるJ派の準則に基づき制定しており、J派の○○や規則にも本件施行令第1号の要件を満たすような条文はないことから、これを満たす規定を末寺である請求人が独自に制定することは困難である。 |
| ㈡　本件施行令第2号について<br>　A　生活費の供与<br>　　　本件ノートには、請求人の支出として平成19年に3,000,000円、平成20年に2,400,000円の生活費を計 | ㈡　本件施行令第2号について<br>　A　生活費の供与<br>　　　前住職らの通常の生活は、前住職の年金収入、請求人からの給与収入及び現住職の教員の給与収入 |

上している。

そして、現住職の妻は、再調査時において、請求人の収入から月額20万円ほどを生活費として費消していた旨申述している上、当該月額20万円については、給与として源泉徴収された事実がなく、労務の対価としての具体的な金額や内容を示す根拠もない。

これらのことから、請求人の収入から前住職及びその親族（以下「前住職ら」という。）の家計費が支出されていたと認められる。

B　住居の供与

請求人は、本件建物に現住職の子を居住させている上、居住させることについて、総代から同意を得たという記録がない。

また、本件各資金移動の時点で、現住職の子が本件建物に居住する必要がある程度に請求人の業務に従事していた事実も認められない。

C　小括

以上のとおり、請求人が前住職らに対して特別の利益を与えていると認められるから、本件施行令第2号の要件を満たさない。

で賄っている。

そして、請求人の収入からの月額15万円から20万円程度の支出については、寺院の運営上の支出であって、労務の対価を含め、請求人の業務に関連する請求人の経費となるものであり、仮にその全額を給与としても過大な給与ではない。

なお、現住職の妻は、生活費を請求人の収入から費消している旨の申述はしていない。

B　住居の供与

本件建物は、僧侶として平成24年から寺院の業務に従事していた現住職の子を居住させるために境内に新築した庫裏であり、職務遂行上やむを得ない必要に基づくものであって、前住職らは何ら特別な利益を受けていないし、建築に当たり総代の同意も得ている。

C　小括

以上のとおり、請求人が前住職らに対して特別の利益を与えているとは認められないから、本件施行令第2号の要件を満たしている。

(ハ) 本件施行令第3号について

本件寺院規則第39条は、請求人が解散した時の残余財産は、第1順位として解散当時の住職に帰属する旨定めており、国等その他の公益を目的とする事業を行う法人に帰属する旨の記載がない。

したがって、本件施行令第3号の要件を満たさない。

ロ 請求人は、上記イのとおり、本件施行令第1号ないし第3号の各要件をいずれも満たしていないことに加え、次の事情も含めて総合的に考慮すれば、前住職らが請求人を私的に支配しているといえるから、本件各資金移動により相続税が不当に減少する結果となると認められる。

(イ) 役員の構成

本件寺院規則第6条は、代表役員は住職の職にある者をもって充てると定められており、また、当該住職は、J派の○○により○○姓を名乗る男子たる教師が任命される、いわゆる「世襲制」による旨定められている。

さらに、本件各資金移動時の代表役員は前住職であり、責任役員のうち1名は現住職が務めているから、

(ハ) 本件施行令第3号について

本件寺院規則及び寺の存続を願う現住職の理念を踏まえると、本件寺院規則第39条第1項及び第2項は死文化している上、同条第3項には、「公益事業のために、その財産を処分することができる」旨の規定がある。

したがって、本件施行令第3号の要件を満たしているといえる。

ロ 請求人は、本件施行令各号の要件を形式的には満たしていないとしても、上記イのことに加え、次の事情も含めて総合的に考慮すれば、前住職らが請求人を私的に支配しているとはいえず、本件各資金移動により相続税を不当に減少する結果になるとは認められない。

(イ) 役員の構成

請求人は、本件寺院規則に則って総代3名を含めた6名による合議制で寺院運営を行っている。

門徒代表である総代3名は、主要建物の新築、境内地の用途変更等の重要事項の承認など、寺院の適正な運営に欠かすことができないものである。

そして、これら役員等6名でみると前住職の親族は3分の1以下とな

３名の責任役員のうち３分の２が前住職らで占められていた。

　　　したがって、前住職らは、請求人の業務を自由に裁量できる立場であったと認められる。

　(ロ)　特別の利益の供与

　　　上記イの(ロ)のとおり、請求人は前住職らに対して、月20万円程度の生活費の供与及び本件建物を前住職の親族の居住に利用させるという特別の利益を与えている。

　(ハ)　収入支出の経理及び財産管理の状況

　　　前住職は、Ｐ県に対して提出した貸借対照表、収支計算書等に正確な収入や檀家数を報告しようとする意思があったとは認められず、また、本件ノートに、請求人の収入及び支出が正確に記録されているとも認められない。

　(ニ)　解散時の財産の帰属

　　　上記イの(ハ)のとおり、本件寺院規則によれば、本件金員は、最終的に前住職らに帰属することとなる状況にある。

　　　る。

　(ロ)　特別の利益の供与

　　　上記イの(ロ)のとおり、請求人が、前住職らに対して特別の利益を与えているとは認められない。

　(ハ)　収入支出の経理及び財産管理の状況

　　　請求人の収入及び支出については、本件ノートや現住職の妻が記録している金銭出納帳に基づき整理しており、その数値はかなり信頼のおけるものである。

　　　なお、Ｐ県に対して提出した請求人の貸借対照表及び収支計算書が不正確なのは、本山等への納入義務金を考慮した前住職の指示に基づいて作成されたためである。

　(ニ)　解散時の財産の帰属

　　　上記イの(ハ)のとおり、本件金員が、最終的に前住職らに帰属するとは限らない。

４　当審判所の判断

(1) 法令解釈

　イ　相続税法第66条第4項の趣旨は、持分の定めのない法人に財産の贈与があった
　　ときに、その財産の贈与者の親族等が当該贈与財産の使用、収益を事実上享受し、
　　又は当該財産が最終的にこれらの者に帰属するような状況にある場合に、相続税
　　又は贈与税の負担に著しく不公平な結果をもたらすことになることを防止するた
　　め、当該持分の定めのない法人を個人とみなして、財産の贈与があった時に、当
　　該法人に対し贈与税を課することとしたものである。

　　　このような趣旨からすれば、同項所定の贈与者の親族等の相続税又は贈与税の
　　負担が不当に減少する結果となると認められるかどうかは、持分の定めのない法
　　人に対して財産の贈与等があり、その時点において、その法人の社会的地位、寄
　　附行為、定款等の定め、役員の構成、収入支出の経理及び財産管理の状況等から
　　みて、財産の提供者等ないしはその特別関係者が、当該法人の業務、財産の運用
　　及び解散した場合の財産の帰属等を実質上私的に支配している事実があるかによ
　　って判断すべきである。

　ロ　また、財産の贈与については、相続税法上、明確に定義する規定はなく、相続
　　税法上の贈与は、民法第549条に規定する贈与をいうものと解される。

　　　そして、相続税法第9条は、法律的には贈与により取得した財産でなくても、
　　その取得した事実によって実質的に贈与と同様の経済的利益を生ずる場合におい
　　ては、税負担の公平の見地から、その取得した財産について、当該利益を受けさ
　　せた者からの贈与により取得したものとみなして贈与税を課することとしたも
　　のと解される。

(2) 争点1について

　イ　認定事実

　　　請求人提出資料、原処分関係資料並びに当審判所の調査及び審理の結果によれ
　　ば、次の事実が認められる。

　　(イ)　前住職名義口座1には、前住職の年金及び給与のほか、投資信託の分配金及
　　　び債券の利金等が入金されていた。

　　　　当該投資信託及び債券の原資は、前住職名義の定期預金や前住職名義口座1
　　　からの出金によるものである。

　　(ロ)　前住職名義口座2は、遅くとも平成2年4月11日には、前住職名義の定期預

— 147 —

金口座として存在しており、同日時点における元金残高も○○○○円あり、そ
れ以降も継続して定期預金として預け入れられてきたものである。

(ハ) 前住職は、本件各資金移動の時まで、前住職名義口座1及び前住職名義口座
2をいずれも管理していた。

(ニ) 請求人は、前住職との間で金銭消費貸借契約を締結しておらず、本件金員の
全部又は一部を前住職又はその法定相続人に対し、返還した事実はない。

ロ 検討

本件では、請求人は、本件各資金移動が前住職からの贈与に当たらない理由と
して、本件金員の原資である預金等が請求人に帰属する旨主張している。

この点、預金の帰属については、一般的にはその名義人に帰属するのが通常で
あるが、単に名義人が誰であるかという形式的事実のみにより判断するのではな
く、その原資となった金員の出えん者、その管理、運用の状況等を総合的に勘案
して判断するのが相当であるから、これを本件金員の原資となる預金等について
みると以下のとおりである。

(イ) 前住職名義口座1からの払出しによる○○○○円の帰属

上記1の(3)のホ及びヘ並びに上記イの(イ)のとおり、本件資金移動1及び本件
資金移動2により○○○○円が払い出された前住職名義口座1には、前住職名
義の投資信託の分配金及び債券の利金等の入金があり、本件資金移動2の原資
はこれら投資信託及び債券に係る解約金や売却代金である。

そして、上記イの(イ)及び(ハ)のことからすれば、前住職名義口座1には、前住
職の固有の収入が継続的に入金されており、本件資金移動2の原資である投資
信託及び債券並びに前住職名義口座1は、いずれも前住職が自己の名義により
管理し、運用してきたものである。一方、請求人の提出した証拠及び当審判所
の調査によっても、これら投資信託及び債券並びに前住職名義口座1の原資が
請求人の収入であることをうかがわせる事情は見当たらない。

そうすると、上記投資信託及び債券並びに前住職名義口座1は、請求人に帰
属するものではなく、いずれも前住職に帰属すると認めるのが相当であり、本
件金員のうち、前住職名義口座1からの払出しによる○○○○円は、前住職に
帰属すると認められる。

(ロ) 前住職名義口座2の解約による○○○○円の帰属

上記イの㈨及び㈵のことからすると、前住職名義口座２は、前住職が自己名義の定期預金として、遅くとも平成２年４月11日以降、長年継続して管理してきたものである。一方、請求人の提出した証拠及び当審判所の調査によっても、前住職名義口座２の原資が請求人の収入であることをうかがわせる事情は見当たらない。

　　そうすると、前住職名義口座２は、請求人に帰属するということはできず、前住職に帰属するとみるのが相当であり、本件金員のうち、前住職名義口座２の解約による○○○○円は、前住職に帰属するものと認められる。

㈧　贈与に該当するか否か

　　本件金員は、請求人が法律的には贈与により取得した財産でないとしても、上記(1)のロによれば、請求人に、本件各資金移動によって実質的に贈与と同様の経済的利益が生ずる場合には、贈与により取得したものとみなされることとなる。

　　本件金員は、上記㈨及び㈵のとおり、前住職に帰属するものと認められるところ、本件各資金移動により請求人名義口座に移動したもので、上記イの㈹のとおり、前住職又はその法定相続人に対し返還されることもなく、また、消費貸借契約の締結など、本件金員に対価性があることも認められない。

　　そうすると、本件各資金移動により前住職から請求人に対し実質的に贈与を行ったのと同様の経済的利益が生じているから、相続税法第９条の規定により、請求人は本件金員を贈与により取得したものとみなされる。

　　したがって、本件各資金移動は、いずれも前住職から請求人に対する贈与に該当する。

㈢　請求人の主張について

　　請求人は、平成18年以降の収支状況を踏まえ、それ以前において請求人には本件金員の額程度の蓄財があり、その蓄財は個人的に費消もされていないなどのことから、本件金員は実質的に請求人に帰属する旨主張する。

　　しかしながら、本件金員が前住職に帰属することは上記㈨及び㈵で述べたとおりであり、前住職の固有の収入の入金口座である前住職名義口座１から払い出された本件金員の原資が、請求人の収入であることを示す証拠はなく、また、長年にわたり前住職の名義により管理された定期預金等が費消されていないこ

とをもって、当該預金等の帰属を請求人とすることにもならない。

　したがって、この点に関する請求人の主張には理由がない。

(3)　争点2について

　上記(2)のとおり、本件各資金移動はいずれも前住職から請求人への贈与に該当することから、本件各資金移動により相続税法第66条第4項に規定する前住職の親族等の相続税の負担が不当に減少する結果となると認められるか否かについて、以下検討する。

イ　認定事実

　請求人提出資料、原処分関係資料並びに当審判所の調査及び審理の結果によれば、次の事実が認められる。

(イ)　請求人の経理及び財産管理の状況等

　A　請求人の総代3名は、いずれも本件建物の建設及び現住職の子を本件建物に居住させることについて、前住職又は現住職から説明を受け、同意しているほか、請求人の業務や財政状況等について、議事録等の作成はしていないものの、前住職又は現住職から随時報告を受けていた。

　B　本件ノートは、請求人の業務に係る収入等を継続的に記録したものであり、平成19年分の集計箇所に「支出442万、生300万」、平成20年分の集計箇所に「支出3580000、生活2400000」の記載がある（以下、これら記載を併せて「本件メモ」という。）。

　なお、本件ノートの他の年分には本件メモと同様の記載はない。

　C　請求人は、上記1の(4)のロの再調査請求に当たり、再調査請求書に、現住職の妻が請求人の収入から生活関連費用として月額20万円を目途に費消してきた旨を記載したところ、再調査審理庁は、再調査において、当該20万円の具体的な使用者とその内訳など質問事項を取りまとめ、請求人に書面で送付した。

　これに対し、請求人は、令和2年5月20日に「『請求人に対する質問事項について』の回答」と題する文書（以下「本件回答書」という。）を再調査審理庁に提出した。

　本件回答書には、上記20万円に係る質問に対し、「月20万円は家族全員がそれぞれ必要に応じ、食費・外食費・交際費に使用したほか、衣服、書籍、

日用品などの購入に充てました。なお、平成30年4月以降は、月20万円の支出は取り止めている。」と記載されている。

D　請求人の業務の費用に関して、平成17年以前は、前住職が、本件ノートに支出に係る領収書等を貼付しており、平成18年以後は、現住職の妻が、金銭出納帳に支出年月日、支出内容及び支出金額の記録を行っていた（以下、この金銭出納帳を「本件出納帳」という。）。

なお、本件出納帳には、前住職らの生活費に係る記載はない。

(ロ)　現住職の子について

現住職の子は、平成24年に大学を卒業後、教員として勤務する傍ら、僧侶として請求人の業務に従事している。

ロ　検討

(イ)　本件施行令の適用について

本件寺院規則においては、上記1の(3)のヌのとおり、請求人の役員等のうち親族関係を有する者及び本件施行令第1号に規定する特殊の関係がある者の数がそれぞれの役員等の数のうちに占める割合をいずれも3分の1とする旨の定めはないから、本件寺院規則は、本件施行令第1号の要件を満たさない。

したがって、請求人においては、本件施行令の規定には該当しない。

(ロ)　請求人の業務運営及び財産管理の状況について

請求人の責任役員は、上記1の(3)のロ及びハのとおり、本件各資金移動の当時、同役員3名のうち2名については前住職及び現住職が務めており、その3分の2は前住職の親族が占めていたものではあるが、前住職又は現住職は、上記イの(イ)のAのとおり、本件建物の建設や現住職の子を本件建物に居住させることについて、本件寺院規則の規定に沿って、請求人の総代全員から同意を得ていたほか、請求人の業務や財政状況等に関する報告を総代に対して随時行っていたことが認められる。

また、前住職又は現住職の妻は、上記1の(3)のニ並びに上記イの(イ)のB及びDのとおり、本件ノート及び本件出納帳により請求人の業務に係る収支を継続して記録しているほか、上記1の(3)のチのとおり、請求人が本件各資金移動の後にP県に提出した請求人の財産目録には、本件金員に相当する預金等が請求人の財産として記載されている。

これらのことからすれば、前住職らによる請求人の業務運営及び財産管理については、請求人の総代が相当程度に監督しているものと認められるほか、前住職らが私的に業務運営や財産管理を行っていたとまでは認められない。

(ハ) 私的な財産の使用・運用の有無（生活費の支出の有無）について

A 本件メモの記載内容は、上記イの(イ)のＢのとおり、概括的なもので具体的内訳も示されていないため、本件メモは請求人の業務運営とは無関係の私的な支出が記載されたものとまでは認められない。

また、本件メモは、本件各資金移動から６年以上前の年分に関する記載である上、上記イの(イ)のＢ及びＤのとおり、平成21年以降の本件ノート及び本件出納帳には、前住職らの私的な生活費のために請求人の財産が支出されたことを示す記載はない。

したがって、本件メモがあるからといって、前住職らが、本件各資金移動の時点において、請求人の財産を私的に生活費として費消していたとする事実を認めることはできない。

B 本件回答書における上記イの(イ)のＣの回答内容は、支出された時期、頻度、金額等の具体的な内容が記載されていない概括的なものであり、毎月20万円の支出が請求人の業務に必要な支出である可能性も否定できないから、当該回答内容が、前住職らが請求人の財産から私的な生活費を支出した事実やその具体的金額を示しているものとは認められない。

C 以上のとおり、本件各資金移動の時点において、原処分庁が主張する前住職らの生活費として毎月20万円を請求人の財産から支出していた事実を認めることはできず、他にその事実を裏付ける客観的な証拠も認められない。

(ニ) 私的な財産の運用の有無（本件建物の私的利用の有無）について

現住職の子は、上記イの(ロ)のとおり、平成24年に大学卒業後、現住職と共に僧侶として継続的に請求人の業務に従事していたものと認められる。

また、前住職又は現住職は、上記イの(イ)のＡのとおり、現住職の子が居住する本件建物を建設することについて、総代全員から同意を得ている。

そして、本件建物が、現住職の子の居住及び請求人の業務以外に使用されていたことを示す証拠もない。

これらのことからすると、本件建物は現住職の子が僧侶としての職務を遂行

するに当たり必要な庫裏とみるのが相当であり、現住職の子を本件建物に無償で居住させたとしても請求人の財産を私的に利用したということはできない。

(ホ) その他私的な利益の享受の有無について

上記(ハ)及び(ニ)のほか、前住職らが、本件各資金移動の時点において、請求人の財産から私的に財産上の利益を享受した事実は見当たらない。

(ヘ) 解散時の財産の帰属について

本件寺院規則第39条第1項ないし第3項には、上記1の(3)のヌの(ヲ)のとおり、請求人が解散した際の残余財産について、国等その他の公益を目的とする事業を行う法人に帰属する旨の定めはない。

しかしながら、上記1の(3)のヌの(リ)のとおり、本件寺院規則第37条は、法人の解散には、責任役員の定数の全員及び総代並びに門徒の3分の2以上の同意を得た上、管長の承認及びR県知事の認証を受けなければならない旨定めており、前住職らの意思のみで恣意的に解散等を行うことは事実上、困難と認められる。

したがって、本件寺院規則第39条の定めをもって、前住職らが恣意的に請求人を解散し、その財産を私的に支配することができるとはいえない。

(ト) まとめ

上記(イ)ないし(ヘ)のことからすれば、請求人は、本件施行令の適用はないものの、前住職らが、請求人の業務、財産の運用及び解散した場合の財産の帰属等を実質上私的に支配している事実は認められない。

したがって、本件各資金移動により相続税法第66条第4項に規定する贈与者である前住職の親族等の相続税の負担が不当に減少する結果となるとは認められない。

(4) 本件決定処分等の適法性について

上記(2)及び(3)のとおり、本件各資金移動は、いずれも前住職から請求人への贈与に該当するとしても、本件各資金移動により相続税法第66条第4項に規定する前住職の親族等の相続税の負担が不当に減少する結果となるとは認められないから、本件決定処分等はいずれも違法であり、その全部を取り消すべきである。

(5) 結論

よって、審査請求には理由があるから、原処分の全部を取り消すこととする。

事例 8 （相続税の課税価格の計算　債務控除　借入金）①

　　建物売買に伴い被相続人に生じた債務のうち、当該建物の経済的価値を超える部分
については、相続税の債務控除の対象となる「確実と認められるもの」には該当しな
いとした事例（平成26年12月相続開始に係る相続税の更正処分及び過少申告加算税の
賦課決定処分・一部取消し・令和 3 年 6 月17日裁決）

《ポイント》

　　本事例は、請求人が被相続人と生前締結した建物売買契約（売主：請求人、買主：
被相続人）に伴い被相続人に生じた売買代金相当額の債務について、当該債務のうち、
当該建物の経済的価値（評価通達に基づき算出された評価額）を超える部分は、いず
れ混同により消滅させるべき債務を、いわば名目的に成立させたにすぎず、相続開始
日現在における消極的財産価値を示すものとはいえないため、相続税の債務控除の対
象となる「確実と認められるもの」には該当しないとしたものである。

《要旨》

　　請求人が、被相続人と生前に締結した売主を請求人、買主を被相続人とする建物売買
契約に伴い被相続人に生じた売買代金相当額の債務（本件債務）は、真正に成立した処
分証書が存在し、法的に履行が強制されることから、その全額が相続税法第14条第 1 項
に規定する「確実と認められるもの」に該当する旨主張するのに対し、原処分庁は、本
件債務は履行を予定していないことから、その全額が「確実と認められるもの」には該
当しない旨主張する。

　　しかしながら、本件債務の発生原因となった建物売買契約は、建物の売買金額と相続
税評価額との間に生じる差額により相続税の軽減効果が期待できるとの提案があった上
で締結されたことからすると、本件債務のうち、売買対象となった建物（本件建物）の
経済的価値（評価通達に基づき算出された評価額）に相当する部分については、相続開
始日時点における債務としての消極的経済価値を示しているものの、本件建物の経済的
価値を超える部分については、いずれ混同により消滅させるべき債務を、いわば名目的
に成立させたにすぎないのであるから、相続開始日時点における債務としての消極的経
済価値を示すものとはいえない。したがって、本件債務のうち、本件建物の経済的価値

に相当する部分については、相続税法第14条第1項に規定する「確実と認められるもの」に該当するものの、本件建物の経済的価値を超える部分については、「確実と認められるもの」には該当しない。

《参照条文等》

　相続税法第14条第1項、同法第22条

《参考判決・裁決》

　最高裁昭和49年9月20日第三小法廷判決（民集28巻6号1178頁）

（令和 3 年 6 月17日裁決）

《裁決書（抄)》

1 事　実

  (1)　事案の概要

　　　本件は、審査請求人（以下「請求人」という。）が、亡父の相続税の申告におい
　　て債務控除の対象とした借入金について、原処分庁が、当該借入金は債務控除の対
　　象とはならないなどとして、相続税の更正処分及び過少申告加算税の賦課決定処分
　　を行ったのに対し、請求人が、原処分は調査手続の違法及び理由の提示に不備があ
　　り、また、当該債務は債務控除の対象とすべきであるなどとして、原処分の全部の
　　取消しを求めた事案である。

  (2)　関係法令等

　　イ　国税通則法（平成28年法律第15号による改正前のもの。以下「通則法」とい
　　　う。）第24条《更正》は、税務署長は、納税申告書の提出があった場合において、
　　　その納税申告書に記載された課税標準等又は税額等の計算が国税に関する法律の
　　　規定に従っていなかったとき、その他当該課税標準等又は税額等がその調査した
　　　ところと異なるときは、その調査により、当該申告書に係る課税標準等又は税額
　　　等を更正する旨規定している。

　　ロ　行政手続法第14条《不利益処分の理由の提示》第 1 項は、行政庁は、不利益処
　　　分をする場合には、その名宛人に対し、同時に、当該不利益処分の理由を示さな
　　　ければならない旨規定している。

　　ハ　相続税法（平成27年法律第 9 号による改正前のもの。以下同じ。）第 1 条の 3
　　　《相続税の納税義務者》第 1 号及び同法第11条の 2 《相続税の課税価格》第 1 項
　　　は、相続により財産を取得した者で当該財産を取得した時においてこの法律の施
　　　行地に住所を有する者の相続税の課税価格について、当該相続により取得した財
　　　産の価額の合計額とする旨規定している。

　　ニ　相続税法第13条《債務控除》第 1 項は、上記ハの課税価格に算入すべき価額は、
　　　当該財産の価額から、①被相続人の債務で相続開始の際現に存するもの（公租公
　　　課を含む。）（同項第 1 号）及び②被相続人に係る葬式費用（同項第 2 号）の金額
　　　のうちその者の負担に属する部分の金額を控除した金額による旨規定している。

　　ホ　相続税法第14条第 1 項は、上記ニの規定により控除すべき債務は、確実と認め

られるものに限る旨規定している。

　ヘ　相続税法第22条《評価の原則》は、相続により取得した財産の価額は、当該財産の取得の時における時価により、当該財産の価額から控除すべき債務の金額は、その時の現況による旨規定している。

　ト　財産評価基本通達（昭和39年4月25日付直資56ほか国税庁長官通達。以下「評価通達」という。）89《家屋の評価》は、家屋の価額は、その家屋の固定資産税評価額に1.0の倍率を乗じて計算した金額によって評価する旨定めている。

　チ　民法第520条は、債権及び債務が同一人に帰属したときは、その債権は、消滅する旨規定している。

(3)　基礎事実

　当審判所の調査及び審理の結果によれば、以下の事実が認められる。

　イ　相続開始について

　　H（以下「本件被相続人」という。）は、平成26年12月○日（以下「本件相続開始日」という。）に死亡し、その相続（以下「本件相続」という。）が開始した。

　　本件相続に係る共同相続人は、本件被相続人の配偶者であるJ、同長男である請求人及び同二男であるK（以下「二男K」といい、J及び請求人と併せて「本件共同相続人」という。）の3名である。

　ロ　本件被相続人の生前における請求人との契約等について

　　(イ)　請求人は、平成○年○月○日、本件被相続人が所有するa市b町○−○の土地（以下「本件土地」という。）上に、建物（家屋番号○○○○。以下「本件建物」という。）を新築し、本件建物で○○○を営むとともに居住していた。

　　(ロ)　請求人は、平成26年○月○日、本件被相続人との間で、請求人を売主、本件被相続人を買主として、本件建物を代金43,020,000円（以下「本件代金」という。）で譲渡する旨の売買契約（以下「本件売買契約」という。）を締結し、同日付で売買契約書を作成した。

　　(ハ)　請求人は、平成26年○月○日、本件被相続人との間で、請求人を貸主、本件被相続人を借主、借入期間を○年として、43,020,000円を無利息で貸し付ける旨の金銭消費貸借契約書（以下「本件金銭消費貸借契約書」という。）を作成し、同日付で本件代金に係る準消費貸借契約（以下「本件準消費貸借契約」といい、本件売買契約と併せて「本件各契約」という。）を締結した。

ハ　本件被相続人の生前における二男Kとの契約等について

　(イ)　二男Kは、平成○年○月○日、本件被相続人及びJが所有するa市d町○-
　　　○の土地（以下「別件土地」という。）上に、建物（家屋番号○○○○の居
　　　宅・物置。以下「別件建物」という。）を新築した。

　(ロ)　二男Kは、平成26年○月○日、本件被相続人との間で、二男Kを売主、本件
　　　被相続人を買主として、別件建物を代金127,800,000円（以下「別件代金」とい
　　　う。）で譲渡する旨の売買契約（以下「別件売買契約」といい、本件売買契約
　　　と併せて「本件売買契約等」という。）を締結し、同日付で売買契約書を作成
　　　した。

　(ハ)　二男Kは、平成26年○月○日、本件被相続人との間で、二男Kを貸主、本件
　　　被相続人を借主、借入期間を○年として、127,800,000円を無利息で貸し付ける
　　　旨の金銭消費貸借契約書を作成し、同日付で別件代金に係る準消費貸借契約
　　　（以下「別件準消費貸借契約」といい、別件売買契約と併せて「別件各契約」
　　　という。）を締結した。

ニ　遺産分割について

　(イ)　本件共同相続人は、本件相続開始後の平成○年○月○日、本件相続に係る遺
　　　産分割協議（以下「本件遺産分割」という。）を成立させた。

　(ロ)　請求人は、本件遺産分割において、本件土地、本件建物及び本件準消費貸借
　　　契約に基づく債務を承継した。本件被相続人には、本件相続開始日において本
　　　件準消費貸借契約に基づく残高42,482,250円の債務（以下「本件債務」といい、
　　　これに対応する請求人の債権を「本件債権」という。）があったが、本件遺産
　　　分割の結果、本件債権と本件債務はいずれも請求人に帰属することとなり、そ
　　　れぞれ本件相続開始日に遡って混同（民法第520条）により消滅した。

　(ハ)　二男Kは、本件遺産分割において、別件土地、別件建物及び別件準消費貸借
　　　契約に基づく債務を承継した。本件被相続人には、本件相続開始日において別
　　　件準消費貸借契約に基づく残高126,202,500円の債務（以下「別件債務」といい、
　　　これに対応する二男Kの債権を「別件債権」という。）があったが、本件遺産
　　　分割の結果、別件債権と別件債務はいずれも二男Kに帰属することとなり、そ
　　　れぞれ本件相続開始日に遡って混同により消滅した。

(4)　審査請求に至る経緯

イ　本件共同相続人は、本件相続に係る相続税（以下「本件相続税」という。）について、別表1の「申告」欄のとおり記載した相続税の申告書（以下「本件申告書」という。）を法定申告期限までに共同でL税務署長に提出した。

　　なお、本件申告書において、本件建物及び別件建物の価額は、評価通達89の定めに従って、それぞれの固定資産税評価額に1.0の倍率を乗じて計算した金額（以下、それぞれ順次「本件通達評価額」及び「別件通達評価額」という。）によって評価し、また、本件債務及び別件債務の額をそれぞれ債務控除の額として計上していた。

ロ　L税務署長は、原処分庁所属の調査担当職員（以下「本件調査担当職員」という。）の本件相続税の調査（以下「本件調査」という。）に基づき、本件債務は債務控除の対象とはならないなどとして、本件相続税について、平成30年3月9日付で別表1の「更正処分等」欄のとおりの更正処分（以下「本件更正処分」といい、本件更正処分に係る更正通知書を「本件更正通知書」という。）及び過少申告加算税の賦課決定処分（以下「本件賦課決定処分」といい、本件更正処分と併せて「本件更正処分等」という。）をした。

　　本件更正通知書には、要旨、次のとおり記載されていた。

(イ)　請求人が、本件債務を履行することなく消滅させることを計画した上で、本件準消費貸借契約の締結及び本件債務の承継を行ったことは、本件債務を請求人が履行することを予定していないものと認められることから、本件債務は、相続税法第14条第1項に規定する「確実と認められるもの」には該当せず、同法第13条第1項第1号の規定による課税価格から控除すべき債務とすることはできない。

(ロ)　本件共同相続人に係る課税価格の合計額に含まれる他の相続人の課税価格は、当該課税価格から他の相続人に対する貸付金の額を減算し、別件債務の額126,202,500円を加算した額となる。

ハ　請求人は、本件更正処分等に不服があるとして、平成30年6月9日に再調査の請求をしたところ、再調査審理庁は、同年9月4日付で棄却の再調査決定をした。

ニ　請求人は、再調査決定を経た後の本件更正処分等に不服があるとして、平成30年10月6日に審査請求をした。

ホ　その後、L税務署長は、本件調査に基づき、本件相続税について、令和元年5

月20日付で別表1の「再更正処分等」欄のとおりの再更正処分及び過少申告加算税の変更決定処分をした。

　ヘ　さらに、L税務署長は、本件調査に基づき、本件相続税について、令和元年8月23日付で別表1の「再々更正処分等」欄のとおりの再々更正処分及び過少申告加算税の変更決定処分をした。

2　争　点

(1)　本件調査の手続に本件更正処分等を取り消すべき違法又は不当があるか否か（争点1）。

(2)　本件更正処分の理由の提示に不備があるか否か（争点2）。

(3)　本件債務は、相続税法第14条第1項に規定する「確実と認められるもの」に該当するか否か（争点3）。

3　争点についての主張

(1)　争点1（本件調査の手続に本件更正処分等を取り消すべき違法又は不当があるか否か。）について

| 原処分庁 | 請求人 |
|---|---|
| 　本件更正処分等は、通則法第7章の2《国税の調査》の規定に基づく通知並びに説明、勧奨及び交付を経て行われたから、本件調査の手続に本件更正処分等を取り消すべき違法又は不当はない。 | 　本件調査担当職員は、平成29年12月21日、請求人に対する本件調査の結果の内容説明及び修正申告の勧奨を行った際、修正申告に応じず争いになれば、マスコミなどに取り上げられる旨の発言や、請求人と税理士法人Mとの信頼関係をこじらせようとする発言をした。さらに、平成30年2月13日、請求人が指摘事項の一部について修正申告に応じる意向を示したところ、修正申告の提出を差し止める指導をした。<br>　本件調査担当職員による上記対応は、裁量権行使の逸脱濫用ないし適正さに欠け、本件調査が通則法に基づく通知並び |

| | |
|---|---|
| | に説明、勧奨及び交付を経て行われたからといって、適法な調査手続となると解釈することはできない。<br><br>　したがって、本件調査の手続には、本件更正処分等を取り消すべき違法又は不当がある。 |

(2)　争点2（本件更正処分の理由の提示に不備があるか否か。）について

| 原処分庁 | 請求人 |
|---|---|
| 　本件更正通知書には、①本件債務について、請求人が履行することを予定していないと認められるから、相続税法第14条第1項に規定する「確実と認められるもの」には該当しない旨、②本件申告書における他の相続人の課税価格は、当該課税価格から他の相続人に対する貸付金の額を減算し、別件債務の額を加算した額となる旨それぞれ記載されている。<br><br>　また、理由の提示に係る不備の有無は、本件更正通知書の記載内容により判断されるものであり、再調査決定書や答弁書の記載に影響されるものではない。<br><br>　したがって、本件更正処分の理由の提示に不備はない。 | 　本件更正処分の理由の提示は、本件債務が確実と認められるものに該当しないと判断した根拠が不十分である。<br><br>　また、本件更正通知書には、他の共同相続人の課税価格に加算又は減算した財産の種類（名称）及び金額のみが記載され、加算又は減算した理由が付記されておらず、仮に、請求人が他の共同相続人に対する通知等により、事実上それを知ることができたとしても、処分理由は請求人に対して説明されなければならない。<br><br>　さらに、本件更正処分の理由は、本件更正通知書、再調査の決定書及び審査請求における答弁書に記載される都度変転し、一貫していない。<br><br>　したがって、本件更正処分の理由の提示には不備がある。 |

(3)　争点3（本件債務は、相続税法第14条第1項に規定する「確実と認められるもの」に該当するか否か。）について

| 原処分庁 | 請求人 |
|---|---|
| 　請求人は、本件代金と本件通達評価額との差額を利用して相続税の負担軽減を図るため、税理士法人Mによる、本件被相続人から請求人へ財産を承継するための提案（以下「本件提案」という。）に基づき、本件各契約を締結し、本件債務を請求人が承継することにより履行することなく混同により消滅させたにすぎない。<br>　また、請求人が期限の利益の喪失を主張することや返済の催促を行っていないことからすると、本件債務は、本件相続開始日において請求人が履行することを予定していなかったものと認められる。<br>　したがって、本件債務は、相続税法第14条第1項に規定する「確実と認められるもの」に該当しない。 | 　原処分庁が、本件売買契約による本件建物の所有権移転の効果を認容し、本件通達評価額を本件相続税の課税価格に算入したまま、本件債務の全額の債務控除を否認したことから、本件更正処分は、本件相続税の課税価格が過大に計算された違法な処分である。<br>　そもそも、本件被相続人は、別件建物の取得に伴い二男Kに多額の売買代金を支払うことで、将来的に兄弟間に紛争が生じることを心配し、請求人が所有していた本件建物も相当の対価で購入することを希望して、本件提案に基づき本件各契約を締結し、本件建物を取得したものであり、合理的な必要性や目的があった。<br>　そして、本件債務は、処分証書（本件金銭消費貸借契約書）が存在し真正に成立したから、法的に履行が強制されるものであり、請求人がこれを承継した結果、混同により消滅したとしても、本件相続税の課税価格の計算の基礎に算入されなければならない。<br>　したがって、本件債務は、相続税法第14条第1項に規定する「確実と認められるもの」に該当する。 |

4　当審判所の判断

(1)　争点1（本件調査の手続に本件更正処分等を取り消すべき違法又は不当があるか

否か。）について

イ　法令解釈

　　通則法は、第7章の2において、国税の調査の際に必要とされる手続を規定し
　ているが、同章の規定に反する手続が課税処分の取消事由となる旨を定めた規定
　はなく、また、調査手続に瑕疵があるというだけで納税者が本来支払うべき国税
　の支払義務を免れることは、租税公平主義の観点からも問題があると考えられる
　から、調査手続に単なる違法があるだけでは課税処分の取消事由とはならないも
　のと解される。

　　もっとも、通則法は、第24条の規定による更正処分について、「調査により」
　行う旨規定しているから、課税処分が何らの調査なしに行われたような場合には、
　課税処分の取消事由となるものと解される。そして、これには、調査を全く欠く
　場合のみならず、課税処分の基礎となる証拠資料の収集手続に重大な違法があり、
　調査を全く欠くのに等しいとの評価を受ける場合も含まれるものと解され、ここ
　にいう重大な違法とは、証拠収集手続が刑罰法規に触れ、公序良俗に反し又は社
　会通念上相当の限度を超えて濫用にわたるなどの場合をいうものと解するのが相
　当である。

　　他方で、証拠収集手続自体に重大な違法がないのであれば、課税処分を調査に
　より行うという要件は満たされているといえるから、仮に、証拠収集手続に影響
　を及ぼさない他の手続に重大な違法があったとしても、課税処分の取消事由とな
　るものではないと解される。

ロ　検討及び請求人の主張について

　　請求人は、上記3の(1)の「請求人」欄のとおり、本件調査担当職員の発言及び
　指導に裁量の逸脱・濫用・不適正があり、通則法に基づく通知並びに説明、勧奨
　及び交付を経ることによって、適法な調査手続となると解釈することはできない
　から、本件調査の手続には、本件更正処分等を取り消すべき違法又は不当がある
　旨主張する。

　　当審判所の調査の結果によれば、本件調査担当職員は、平成29年12月21日、請
　求人に対して本件調査により是正を要すると認められた事項を指摘し、修正申告
　の意向を確認した際に、修正申告に応じない場合の仮定の話や、税理士に対する
　損害賠償についての説明を受けたかどうかの確認など、本来の目的に沿わない発

言をしたと認められる。また、本件調査担当職員は、平成30年2月13日、請求人が提出しようとしていた修正申告の内容に、当該指摘事項と異なる部分があったことを理由として、請求人の見解を原処分庁に対して明らかにした上で申告するよう話したと認められる。

　　しかしながら、上記イのとおり、課税処分の取消事由となるのは、証拠収集手続が刑罰法規に触れ、公序良俗に反し又は社会通念上相当の限度を超えて濫用にわたる等調査を全く欠くのに等しいとの評価を受けるような重大な違法を帯びる場合に限られ、証拠収集手続に影響を及ぼさない手続の違法は課税処分の取消事由とはならないものと解されるところ、上記認定の本件調査担当職員の発言等は、いずれも実地の調査後のものであって、調査を全く欠くのに等しいとの評価を受けるようなものとはいえず、かえって証拠収集手続に影響を及ぼさない性質というべきである。また、上記認定の本件調査担当職員の発言等は、本来の目的に沿わない点はあるものの、直ちに裁量権を逸脱・濫用した違法があるとまではいえないし、上記イのとおり、証拠収集手続に影響を及ぼさない事由は、違法であっても課税処分の取消事由にならないことからすれば、実地の調査後に本来の目的に沿わない発言等があったからといって、取消事由となる不当があるともいえない。

　　したがって、本件調査手続に本件更正処分等を取り消すべき違法又は不当があるとは認められないから、請求人の主張には理由がない。

(2)　争点2（本件更正処分の理由の提示に不備があるか否か。）について

イ　法令解釈

　　行政手続法第14条第1項本文が、不利益処分をする場合に同時にその理由を名宛人に示さなければならないとしているのは、名宛人に直接に義務を課し又はその権利を制限するという不利益処分の性質に鑑み、行政庁の判断の慎重と合理性を担保してその恣意を抑制するとともに、処分の理由を名宛人に知らせて不服の申立てに便宜を与える趣旨に出たものと解されることから、当該処分の理由が、上記の趣旨を充足する程度に具体的に明示するものであれば、同項本文の要求する理由の提示として不備はないものと解するのが相当である。

ロ　検討及び請求人の主張について

　　請求人は、上記3の(2)の「請求人」欄のとおり、本件更正通知書の理由の記載

は、本件債務が確実と認められるものに該当しないと判断した根拠が不十分であり、また、他の共同相続人の課税価格に加算又は減算した財産の種類（名称）及び金額のみが記載され、加算又は減算した理由が付記されておらず、仮に、他の共同相続人に対する通知等により、請求人が事実上それを知ることができたとしても、処分理由は請求人に対して説明されなければならないから、本件更正処分の理由の提示には不備がある旨、さらに、本件更正処分の理由の提示は一貫していない旨主張する。

　　しかしながら、本件更正通知書には、上記1の(4)のロの(イ)及び(ロ)のとおり、原処分庁が本件更正処分を行うに至った理由が具体的に明示され、請求人は課税価格の合計額を算出し、不服申立ての要否を判断することが可能といえるから、処分の名宛人の不服申立ての便宜という見地からも欠けるところはない。

　　そうすると、本件更正処分の理由の提示は、行政手続法第14条第1項の趣旨目的を充足する程度に具体的に記載されているものといえる。

　　なお、再調査決定書の記載内容は、再調査審理庁が再調査請求に対する判断を示したものにすぎず、答弁書の記載内容は、審査請求に係る原処分庁の主張にすぎないから、そもそも処分理由の提示には当たらない。

　　したがって、本件更正処分の理由の提示に不備はないから、請求人の主張には理由がない。

(3)　争点3（本件債務は、相続税法第14条第1項に規定する「確実と認められるもの」に該当するか否か。）について

　イ　法令解釈

　　(イ)　控除すべき債務の金額の評価について

　　　　相続税法は、相続により取得した財産の価額の合計額をもって相続税の課税価格とするとともに（同法第11条の2）、被相続人の債務で相続開始の際に確実と認められるものがあるときは、その金額を相続により取得した財産の価額から控除することとし（同法第13条第1項第1号、同法第14条第1項）、その控除すべき債務の金額を、その時の現況によると規定している（同法第22条）。

　　　　これらの規定は、相続税が財産の無償取得によって生じた経済的価値の増加に対して課せられる租税であるところから、その課税価格の算出に当たっては、相続によって取得した財産と相続人が相続により負担することとなる債務の双

方について、それぞれの現に有する経済的価値を客観的に評価した金額を基礎とする趣旨のものであり、控除債務については、その性質上客観的な交換価値がないため、交換価値を意味する「時価」に代えて、その「現況」により控除すべき金額を評価する趣旨と解される（最高裁昭和49年9月20日第三小法廷判決・民集28巻6号1178頁）。

　したがって、弁済すべき金額の確定している金銭債務であっても、同金額が当然に当該債務の相続開始の時における消極的経済価値を示すものとして課税価格算出の基礎となるものではなく、控除すべき金額を個別に評価しなければならない。

(ロ)　「確実と認められるもの」について

　相続税法第14条第1項に規定する「確実と認められるもの」とは、相続開始日現在において単に債務が存在するのみならず、①債務者においてその債務の履行義務が法律的に強制されるもののほか、②事実的、道義的に履行が義務付けられ、あるいは、履行せざるを得ない蓋然性の表象があり、相続人がその債務を履行し相続財産の負担となることが必然的な債務をいうものと解される（広島高裁昭和57年9月30日判決・税資127号1140頁）。

ロ　認定事実

(イ)　本件建物及び別件建物の各固定資産税評価額について

　上記1の(2)のトのとおり、評価通達89は、家屋の価額を固定資産税評価額によって評価する旨定めるところ、この額は、地方税法上、各年1月1日時点（基準年度）における当該家屋の「適正な時価」（同法第341条第5号、同法第349条第1項）として評価決定されるものとされている。

　本件建物及び別件建物は、上記1の(3)のロ及びハの各(イ)のとおり、平成○年新築であり、平成26年度の固定資産税評価額は、それぞれ順次、20,726,840円及び40,738,138円であった。

(ロ)　請求人及び二男Kに対する財産の承継に関する提案について

　本件被相続人及びJは、平成○年○月○日付「財産棚卸のご報告と相続対策のご提案」ないし平成○年○月○日付「第7回財産承継提案書」と題する書面により、税理士法人Mから、本件被相続人から請求人への財産の承継に係る本件提案を受けた。また、本件被相続人及びJは、本件被相続人から二男Kへの

財産の承継に係る同様の提案を同時に受けていた（以下、両提案を併せて「本件各提案」という。）。

　本件各提案の内容は、要旨、次のとおりである。

A　建物は、相続税の計算上、固定資産税評価額により評価され、本件建物及び別件建物の平成26年度の各固定資産税評価額は、20,726,840円及び40,738,138円である。

　　本件被相続人が、本件建物及び別件建物を請求人及び二男Ｋから売買により取得し、預貯金等の金融資産を本件建物及び別件建物に置き換えることで、相続税法上の評価額を圧縮できる。

B　同族関係者間の売買となるため、本件建物及び別件建物の「適正な時価」で売買が行われていることが重要である。建物の時価の算定方法としては、不動産鑑定士による鑑定価格や売買実例などを用いることもできるが、不動産所得の計算上使用している建物の取得価額から減価償却累計額を控除した残高である未償却残高（平成26年○月末時点で本件建物につき43,020,653円、別件建物につき127,802,835円）を時価と考えることができる。当該各金額で本件建物及び別件建物を譲渡した場合には譲渡所得が生じないので、43,020,000円及び127,800,000円を、本件建物及び別件建物の各売買代金とする。

C　上記Ｂの各売買に伴い、本件被相続人から請求人及び二男Ｋに売買代金を支払う必要があるが、金銭消費貸借とすることも可能である。

D　仮に、本件被相続人が請求人及び二男Ｋに対して、上記Ｃの金銭消費貸借に基づく金銭債務の支払義務を負ったまま、本件被相続人に相続が発生した場合には、請求人及び二男Ｋがそれぞれ当該金銭債務を承継することにより、当該金銭債務は消滅する。

E　上記ＡないしＤを前提として、仮に、本件被相続人に相続が発生し、請求人が本件建物及び金銭消費貸借契約に係る本件被相続人の請求人に対する金銭債務を承継し、二男Ｋが別件建物及び金銭消費貸借契約に係る本件被相続人の二男Ｋに対する金銭債務を承継した場合、本件建物及び別件建物の各売買代金額（各未償却残高相当額）と各相続税評価額（各固定資産税評価額）との間にそれぞれ差額が生じ、当該各差額により相続税の軽減効果が期待できる。

(ハ) 本件各契約及び別件各契約について

　A　本件被相続人は、上記1の(3)のロ及びハのとおり、平成26年〇月〇日、請求人との間で本件各契約を、二男Ｋとの間で別件各契約を、それぞれ締結したところ、本件売買契約等は、本件各提案中、上記(ロ)のＡの内容と同様に、本件建物及び別件建物を本件被相続人が取得するものであり、定められた本件代金及び別件代金は、上記1の(3)のロ及びハの各(ロ)のとおり、それぞれ順次43,020,000円及び127,800,000円で、本件各提案で示された上記(ロ)のＢの各代金額といずれも同額とされていた。また、これらの金額は、上記(ロ)のＡのとおり、本件各提案で示された上記(イ)の各固定資産税評価額を、それぞれ順次22,293,160円及び87,061,862円上回る金額となっていた。

　B　上記(ロ)のＣのとおり、本件各提案は、本件建物及び別件建物の代金を本件被相続人が支払わず、準消費貸借とすることも想定するものであったが、上記1の(3)のロ及びハの各(ハ)のとおり、本件被相続人は本件代金及び別件代金を支払わず、本件準消費貸借契約及び別件準消費貸借契約を締結した。

　C　上記1の(3)のロ及びハの各(ハ)のとおり、本件準消費貸借契約及び別件準消費貸借契約において、借入期間はそれぞれ〇年と定められたが、本件被相続人は、これらの契約締結当時、〇歳であった。

(ニ) 本件各契約及び別件各契約締結後の状況等について

　A　上記1の(3)のロ及びハの各(イ)のとおり、本件建物は平成〇年〇月〇日に、別件建物は平成〇年〇月〇日に新築されたところ、いずれも新築後から本件売買契約等の締結後に至るまで、請求人の住所は、本件建物の所在地にあり、二男Ｋ、本件被相続人及びＪの住所は、別件建物の所在地とは異なるａ市ｄ町〇－〇にあった。

　　なお、請求人は本件売買契約の前後を通じて本件建物において〇〇〇を営み居住していたため、その利用状況に変更はなく、また、証拠資料からは、別件建物の具体的な利用状況は明らかではないものの、その利用状況に変更があった気配はない。

　B　上記1の(3)のイのとおり、本件において、本件各契約及び別件各契約締結後、約〇か月が経過した平成26年12月〇日、本件相続が開始した。本件各提案は、上記(ロ)のＤのとおり、本件被相続人が準消費貸借契約に基づく債務を

負ったまま相続が発生することも想定するものであったが、本件相続開始日における本件債務の額及び別件債務の額は、上記１の⑶のニの㈠及び㈢のとおり、それぞれ順次42,482,250円及び126,202,500円となっており、本件相続開始日までに、それぞれ順次537,750円及び1,597,500円減少したにすぎなかった。また、本件債務の額（42,482,250円）と本件通達評価額（20,726,840円）及び別件債務の額（126,202,500円）と別件通達評価額（40,738,138円）の各差額は、それぞれ順次21,755,410円及び85,464,362円であった。

C　上記１の⑶のニのとおり、本件共同相続人が行った本件遺産分割は、本件各提案における上記㈢のＥの財産承継と同様の内容であった。

ハ　当てはめ

㈠　上記ロの㈢のＡないしＣ並びに同㈢のＡ及びＢのとおり、本件各契約及び別件各契約は、本件建物及び別件建物を、各固定資産税評価額を大きく上回る本件各提案と同額で本件被相続人が取得し、その代金を準消費貸借にするという本件各提案に沿った内容で、本件各提案がされた時期に、それぞれ締結されている。

　また、上記ロの㈢のＤのとおり、本件各提案は、本件被相続人が上記準消費貸借に基づく債務を残して相続が発生することも想定しているところ、本件準消費貸借契約及び別件準消費貸借契約に基づく各債務は、同㈢のＣのとおり、本件被相続人が借入期間を○年として負ったものであって、生前に完済されることが予定されていたとは解されず、実際に、同㈡のＢのとおり、大部分を残したまま、約○か月で本件相続に至っている。加えて、本件建物及び別件建物は、本件売買契約等の締結後も利用状況に変わりがあった気配はなく、殊更本件売買契約等の締結当時に本件被相続人の所有としなければならなかったことをうかがわせるような事情は見当たらない。そして、上記ロの㈢のＥ及び同㈡のＣのとおり、本件共同相続人は、本件各提案どおりの内容の本件遺産分割を行っている。

　以上の事情を総合すると、本件各契約及び別件各契約が、本件被相続人から請求人及び二男Ｋへの本件各提案に沿った財産承継を実現する趣旨・目的で締結されたことは明らかである。そして、その目的とされた財産承継とは、具体的には、本件建物及び別件建物について、本件通達評価額及び別件通達評価額

に大きな上積みをして本件代金及び別件代金を定め、これを準消費貸借とした まま、相続開始後の遺産分割において、請求人に本件建物及び本件債務を、二 男Kに別件建物及び別件債務をそれぞれ承継させて、混同により本件債務及び 別件債務を消滅させるというものであり、その目的は、上記ロの㈡のCのとお り、実際に、本件遺産分割によって実現される結果となっている。

このような本件各契約及び別件各契約の趣旨・目的及び結果からすると、本 件債務及び別件債務は、本件共同相続人間において、いずれ相続の過程で混同 により消滅させるべきものとして成立した債務であって、相続開始後の任意の 弁済や履行の強制が予定されていたとは解し難い。

㈿　本件代金及び別件代金は、上記ロの㈤のとおり、適正な時価として評価決定 された本件通達評価額及び別件通達評価額に大きな上積みをしたものであるか ら、本件建物及び別件建物の経済的価値を大きく超えるものと推認される。そ して、本件債務及び別件債務のうち本件建物及び別件建物の経済的価値を大き く超えて上積みした部分を、いずれ相続の過程で混同により消滅させるべき債 務として成立させ、これを相続の対象としたからといって、それが客観的にみ て相続によって無償取得した財産の経済的価値を減ずるものとは認め難い。

また、上記イの㈤のとおり、相続税が財産の無償取得によって生じた経済的 価値の増加に対して課せられる租税であるところから、相続税法が定める債務 控除は、相続人が相続により負担することとなる債務の現に有する経済的価値 を客観的に評価する趣旨のものと解される。そうすると、本件債務及び別件債 務のうち、本件建物及び別件建物の経済的価値を大きく超えて上積みした部分 は、いずれ混同により消滅させるべき債務を、いわば名目的に成立させたにす ぎないものであるから、本件相続開始日における消極的経済価値を示すものと はいえない。

㈥　一方で、以上のような本件各契約及び別件各契約の趣旨・目的に従う限り、 請求人及び二男Kは、相続によりそれぞれ本件建物及び別件建物を取得しなが ら、本件代金及び別件代金のうち本件建物及び別件建物の経済的価値に見合う 部分の債権も失うべきこととなり、上記ロの㈡のCのとおり、実際にこれらを 失う結果となっている。それにもかかわらず、請求人及び二男Kが、本件相続 により本件建物及び別件建物を取得して経済的価値が増加したと認めることは

困難であるから、上記各部分に係る本件債務及び別件債務は、本件相続開始日における消極的経済価値を示すものと認めるのが相当である。そして、本件建物及び別件建物の経済的価値は、相続税の課税上は、本件通達評価額及び別件通達評価額により把握されるものであり、上記のとおり、本件相続による本件建物及び別件建物の無償取得によって経済的価値の増加が認められないことが、本件債務及び別件債務の消極的経済価値として把握されるのであるから、本件相続開始日の現況における本件債務及び別件債務の消極的経済価値は、本件通達評価額及び別件通達評価額をもって把握するのが相当である。

　　以上によれば、本件相続開始日の現況において、確実と認められる本件債務及び別件債務の額は、それぞれ順次本件通達評価額に相当する額20,726,840円及び別件通達評価額に相当する額40,738,138円となる。

ニ　請求人の主張について

　(イ)　請求人は、上記３の(3)の「請求人」欄のとおり、本件債務については、真正に成立した処分証書が存在しており、法的に履行が強制されるから、請求人がこれを承継し混同により消滅したとしても、本件相続税の課税価格の計算の基礎に算入されなければならず、その全額が相続税法第14条第１項に規定する「確実と認められるもの」に該当する旨主張する。

　　　本件債務が、本件共同相続人間で履行の強制を予定したものでなく、本件各契約の趣旨・目的に従う限り、請求人は、遺産分割により本件債務を混同により失う結果となると解されることは、上記ハのとおりであるが、本件各契約にはこれを義務付けるような定めは見当たらず、その結果の実現は、本件共同相続人の信義に委ねられていたと解する余地がある。そして、確かに、本件準消費貸借契約については、上記１の(3)のロの(ハ)のとおり、請求人及び本件被相続人の意思に基づき真正に成立した処分証書があるから、請求人が、本件各契約の趣旨・目的に沿った遺産分割に応じないなど上記結果を実現させようとせず、二男ＫやＪに対し、本件債務の各法定相続分に相当する部分の履行の強制をすることが法的に不可能とまで断ずることは困難である。

　　　しかしながら、上記ハの(ロ)のとおり、本件債務の元となった本件代金が、本件建物の経済的価値を大きく超えるものと推認されることに変わりはないから、仮に、本件各契約が、本件共同相続人間で履行の強制も予定した経済的価値あ

る債権を請求人に取得させたものであるとすれば、その経済的価値ある債権は、本件建物の経済的価値と本件建物の経済的価値に上積みした部分の経済的価値が一体となったものであるので、そのような行為は、その上積みした部分について請求人に対して特別受益を与えたとみることができ、「相続財産の前渡し」があったと評価されるはずである。

この場合、具体的相続分の計算では、請求人は本件各契約により上記上積みされた部分の経済的価値を取得したことが考慮されるため、その上積みされた部分に相当する相続財産を取得できず、他の相続人（配偶者及び子）が上積みされた部分に相当する財産を取得することになる（民法第903条《特別受益者の相続分》（平成30年法律第72号による改正前のもの。））。

したがって、前渡しに係る持戻しにより、請求人が、本件相続により上記上積みされた部分の経済的価値を取得したこととなり、本件被相続人の相続財産は、その上積みされた分だけ増加することになるので、本件共同相続人間では本件債務の存在は、上積みされた部分の限度で相続により無償取得する財産の経済的価値を減ずることにはならない。

仮に、本件債務の全額が履行の強制も予定した経済的価値を有するとすれば、そうであるにもかかわらずこれを本件債権と混同させて消滅させた本件遺産分割は、上記の前渡しに係る持戻しをしたのと実質的には異ならないということもできる。

一方で、本件建物の経済的価値に相当する部分については、「相続財産の前渡し」に当たらないため、持戻しをする必要がないから、本件債務のうち本件建物の経済的価値に相当する部分は、相続により無償取得した財産の経済的価値を減ずることになり、その減じられる経済的価値は、本件建物の本件通達評価額で把握するのが相当と解される。

そうすると、結局、本件債務には履行の強制があったとする請求人の主張を前提としてみても、本件相続開始日の現況における本件債務の消極的経済価値は、上記ハの㈥のとおり、本件通達評価額をもって把握するのが相当であり、本件相続開始日の現況において、確実と認められる本件債務の額は本件通達評価額と解されるから、請求人の主張には理由がない。

㈣　請求人は、上記３の⑶の「請求人」欄のとおり、本件被相続人は、別件建物

の取得に伴い二男Kに多額の売買代金を支払うことで、将来的に兄弟間に紛争が生じることを心配して、本件提案に基づき本件各契約を締結し、本件建物を取得したものであり、本件各契約には、合理的な必要性や目的がある旨主張する。

　　しかしながら、上記のような本件被相続人の主観的な動機によって、本件相続開始日の現況における本件債務の客観的な経済価値が異なるものとなるわけではないから、請求人の主張には理由がない。

ホ　原処分庁の主張について

　　原処分庁は、上記3の(3)の「原処分庁」欄のとおり、本件債務が履行を予定していないことから、その全額が確実と認められるものに当たらない旨主張する。

　　しかしながら、本件建物の客観的価値に相当する部分については、混同により消滅することが予定されていても、本件相続開始日の消極的経済価値を認め得ることは、履行を前提とするかしないかに応じ、上記ハ及びニのとおりである。

　　仮に、本件債務及び別件債務の全額の債務控除を否定する場合には、本件共同相続人が相続により無償取得する財産の経済的価値は、本件各契約及び別件各契約の締結前より、本件通達評価額及び別件通達評価額に相当する分だけ増大する結果となるが、本件各契約及び別件各契約は、上記ハのとおり、相続の過程でいずれ混同で消滅させるべき債務を、いわば名目的に成立させたにすぎないものであって、これによって相続により無償取得する財産の客観的な経済的価値が変動するというのは、実質的にみても不合理である。

　　したがって、原処分庁の主張は、本件通達評価額及び別件通達評価額に相当する額の債務控除を否定する限度で理由がない。

(4)　本件更正処分の適法性について

　　上記(3)のとおり、確実と認められる本件債務及び別件債務の額は、本件相続開始日の現況において、それぞれ順次20,726,840円及び40,738,138円と認められる。これに基づき、請求人の本件相続税の課税価格及び納付すべき税額を計算すると、別表2の「審判所認定額」欄のとおりとなる。

　　そうすると、本件更正処分のうち、同欄の課税価格及び納付すべき税額を上回る部分の金額は、いずれも違法であるから、本件更正処分は、その一部を別紙「取消額等計算書」のとおり取り消すべきである。

なお、本件更正処分のその他の部分については、請求人は争わず、当審判所に提出された証拠資料等によっても、これを不相当とする理由は認められない。

(5) 本件賦課決定処分の適法性について

本件更正処分は、上記(4)のとおり、その一部を取り消すべきであるから、本件賦課決定処分の基礎となる税額は○○○○円となる。

また、これらの税額の計算の基礎となった事実が本件更正処分前の税額の計算の基礎とされていなかったことについては、通則法第65条《過少申告加算税》第4項に規定する正当な理由があるとは認められない。

したがって、請求人の過少申告加算税の額は○○○○円となり、本件賦課決定処分の金額に満たないから、本件賦課決定処分は、その一部を取り消すべきである。

(6) 結論

よって、審査請求には理由があるから、原処分の一部を取り消すこととする。

別表 1　審査請求に至る経緯（省略）

別表 2　本件相続税に係る課税価格及び納付すべき税額（審判所認定額）（省略）


別紙　取消額等計算書（省略）

　建物売買に伴い被相続人に生じた債務のうち、当該建物の経済的価値を超える部分については、相続税の債務控除の対象となる「確実と認められるもの」には該当しないとした事例（平成26年12月相続開始に係る相続税の更正処分及び過少申告加算税の賦課決定処分・一部取消し・令和 3 年 6 月17日裁決）

《ポイント》

　本事例は、請求人が被相続人と生前締結した建物売買契約（売主：請求人、買主：被相続人）に伴い被相続人に生じた売買代金相当額の債務について、当該債務のうち、当該建物の経済的価値（評価通達に基づき算出された評価額）を超える部分は、いずれ混同により消滅させるべき債務を、いわば名目的に成立させたにすぎず、相続開始日現在における消極的財産価値を示すものとはいえないため、相続税の債務控除の対象となる「確実と認められるもの」には該当しないとしたものである。

《要旨》

　請求人が、被相続人と生前に締結した売主を請求人、買主を被相続人とする建物売買契約に伴い被相続人に生じた売買代金相当額の債務（本件債務）は、真正に成立した処分証書が存在し、法的に履行が強制されることから、その全額が相続税法第14条第 1 項に規定する「確実と認められるもの」に該当する旨主張するのに対し、原処分庁は、本件債務は履行を予定していないことから、その全額が「確実と認められるもの」には該当しない旨主張する。

　しかしながら、本件債務の発生原因となった建物売買契約は、建物の売買金額と相続税評価額との間に生じる差額により相続税の軽減効果が期待できるとの提案があった上で締結されたことからすると、本件債務のうち、売買対象となった建物（本件建物）の経済的価値（評価通達に基づき算出された評価額）に相当する部分については、相続開始日時点における債務としての消極的経済価値を示しているものの、本件建物の経済的価値を超える部分については、いずれ混同により消滅させるべき債務を、いわば名目的に成立させたにすぎないのであるから、相続開始日時点における債務としての消極的経済価値を示すものとはいえない。したがって、本件債務のうち、本件建物の経済的価値

に相当する部分については、相続税法第14条第1項に規定する「確実と認められるもの」に該当するものの、本件建物の経済的価値を超える部分については、「確実と認められるもの」には該当しない。

《参照条文等》
　相続税法第14条第1項、同法第22条

《参考判決・裁決》
　最高裁昭和49年9月20日第三小法廷判決（民集28巻6号1178頁）

（令和3年6月17日裁決）

《裁決書（抄）》

1 事　実

(1) 事案の概要

　　本件は、審査請求人（以下「請求人」という。）が、亡父の相続税の申告におい
て債務控除の対象とした借入金について、原処分庁が、当該借入金は債務控除の対
象とはならないなどとして、相続税の更正処分及び過少申告加算税の賦課決定処分
を行ったのに対し、請求人が、原処分は調査手続の違法及び理由の提示に不備があ
り、また、当該債務は債務控除の対象とすべきであるなどとして、原処分の全部の
取消しを求めた事案である。

(2) 関係法令等

　　イ　国税通則法（平成28年法律第15号による改正前のもの。以下「通則法」とい
　　　う。）第24条《更正》は、税務署長は、納税申告書の提出があった場合において、
　　　その納税申告書に記載された課税標準等又は税額等の計算が国税に関する法律の
　　　規定に従っていなかったとき、その他当該課税標準等又は税額等がその調査した
　　　ところと異なるときは、その調査により、当該申告書に係る課税標準等又は税額
　　　等を更正する旨規定している。

　　ロ　行政手続法第14条《不利益処分の理由の提示》第1項は、行政庁は、不利益処
　　　分をする場合には、その名宛人に対し、同時に、当該不利益処分の理由を示さな
　　　ければならない旨規定している。

　　ハ　相続税法（平成27年法律第9号による改正前のもの。以下同じ。）第1条の3
　　　《相続税の納税義務者》第1号及び同法第11条の2《相続税の課税価格》第1項
　　　は、相続により財産を取得した者で当該財産を取得した時においてこの法律の施
　　　行地に住所を有する者の相続税の課税価格について、当該相続により取得した財
　　　産の価額の合計額とする旨規定している。

　　ニ　相続税法第13条《債務控除》第1項は、上記ハの課税価格に算入すべき価額は、
　　　当該財産の価額から、①被相続人の債務で相続開始の際現に存するもの（公租公
　　　課を含む。）（同項第1号）及び②被相続人に係る葬式費用（同項第2号）の金額
　　　のうちその者の負担に属する部分の金額を控除した金額による旨規定している。

　　ホ　相続税法第14条第1項は、上記ニの規定により控除すべき債務は、確実と認め

られるものに限る旨規定している。

　ヘ　相続税法第22条《評価の原則》は、相続により取得した財産の価額は、当該財産の取得の時における時価により、当該財産の価額から控除すべき債務の金額は、その時の現況による旨規定している。

　ト　財産評価基本通達（昭和39年4月25日付直資56ほか国税庁長官通達。以下「評価通達」という。）89《家屋の評価》は、家屋の価額は、その家屋の固定資産税評価額に1.0の倍率を乗じて計算した金額によって評価する旨定めている。

　チ　民法第520条は、債権及び債務が同一人に帰属したときは、その債権は、消滅する旨規定している。

(3)　基礎事実

　当審判所の調査及び審理の結果によれば、以下の事実が認められる。

　イ　相続開始について

　　H（以下「本件被相続人」という。）は、平成26年12月○日（以下「本件相続開始日」という。）に死亡し、その相続（以下「本件相続」という。）が開始した。本件相続に係る共同相続人は、本件被相続人の配偶者であるJ、同長男であるK（以下「長男K」という。）及び同二男である請求人（以下、J及び長男Kと併せて「本件共同相続人」という。）の3名である。

　ロ　本件被相続人の生前における請求人との契約等について

　　(イ)　請求人は、平成○年○月○日、本件被相続人及びJが所有するa市b町○－○の土地（以下「本件土地」という。）上に、建物（家屋番号○○○○の居宅・物置。以下「本件建物」という。）を新築した。

　　(ロ)　請求人は、平成26年○月○日、本件被相続人との間で、請求人を売主、本件被相続人を買主として、本件建物を代金127,800,000円（以下「本件代金」という。）で譲渡する旨の売買契約（以下「本件売買契約」という。）を締結し、同日付で売買契約書を作成した。

　　(ハ)　請求人は、平成26年○月○日、本件被相続人との間で、請求人を貸主、本件被相続人を借主、借入期間を○年として、127,800,000円を無利息で貸し付ける旨の金銭消費貸借契約書（以下「本件金銭消費貸借契約書」という。）を作成し、同日付で本件代金に係る準消費貸借契約（以下「本件準消費貸借契約」といい、本件売買契約と併せて「本件各契約」という。）を締結した。

ハ　本件被相続人の生前における長男Ｋとの契約等について

(イ)　長男Ｋは、平成○年○月○日、本件被相続人が所有するa市d町○－○の土地（以下「別件土地」という。）上に、建物（家屋番号○○○○。以下「別件建物」という。）を新築し、別件建物で○○○を営むとともに居住していた。

(ロ)　長男Ｋは、平成26年○月○日、本件被相続人との間で、長男Ｋを売主、本件被相続人を買主として、別件建物を代金43,020,000円（以下「別件代金」という。）で譲渡する旨の売買契約（以下「別件売買契約」といい、本件売買契約と併せて「本件売買契約等」という。）を締結し、同日付で売買契約書を作成した。

(ハ)　長男Ｋは、平成26年○月○日、本件被相続人との間で、長男Ｋを貸主、本件被相続人を借主、借入期間を○年として、43,020,000円を無利息で貸し付ける旨の金銭消費貸借契約書を作成し、同日付で別件代金に係る準消費貸借契約（以下「別件準消費貸借契約」といい、別件売買契約と併せて「別件各契約」という。）を締結した。

ニ　遺産分割について

(イ)　本件共同相続人は、本件相続開始後の平成○年○月○日、本件相続に係る遺産分割協議（以下「本件遺産分割」という。）を成立させた。

(ロ)　請求人は、本件遺産分割において、本件土地、本件建物及び本件準消費貸借契約に基づく債務を承継した。本件被相続人には、本件相続開始日において本件準消費貸借契約に基づく残高126,202,500円の債務（以下「本件債務」といい、これに対応する請求人の債権を「本件債権」という。）があったが、本件遺産分割の結果、本件債権と本件債務はいずれも請求人に帰属することとなり、それぞれ本件相続開始日に遡って混同（民法第520条）により消滅した。

(ハ)　長男Ｋは、本件遺産分割において、別件土地、別件建物及び別件準消費貸借契約に基づく債務を承継した。本件被相続人には、本件相続開始日において別件準消費貸借契約に基づく残高42,482,250円の債務（以下「別件債務」といい、これに対応する長男Ｋの債権を「別件債権」という。）があったが、本件遺産分割の結果、別件債権と別件債務はいずれも長男Ｋに帰属することとなり、それぞれ本件相続開始日に遡って混同により消滅した。

(4)　審査請求に至る経緯

イ　本件共同相続人は、本件相続に係る相続税（以下「本件相続税」という。）に
ついて、別表1の「申告」欄のとおり記載した相続税の申告書（以下「本件申告
書」という。）を法定申告期限までに共同でL税務署長に提出した。

　なお、本件申告書において、本件建物及び別件建物の価額は、評価通達89の定
めに従って、それぞれの固定資産税評価額に1.0の倍率を乗じて計算した金額（以
下、それぞれ順次「本件通達評価額」及び「別件通達評価額」という。）によっ
て評価し、また、本件債務及び別件債務の額をそれぞれ債務控除の額として計上
していた。

ロ　L税務署長は、原処分庁所属の調査担当職員（以下「本件調査担当職員」とい
う。）の本件相続税の調査（以下「本件調査」という。）に基づき、本件債務は債
務控除の対象とはならないなどとして、本件相続税について、平成30年3月9日
付で別表1の「更正処分等」欄のとおりの更正処分（以下「本件更正処分」とい
い、本件更正処分に係る更正通知書を「本件更正通知書」という。）及び過少申
告加算税の賦課決定処分（以下「本件賦課決定処分」といい、本件更正処分と併
せて「本件更正処分等」という。）をした。

　本件更正通知書には、要旨、次のとおり記載されていた。

(イ)　請求人が、本件債務を履行することなく消滅させることを計画した上で、本
件準消費貸借契約の締結及び本件債務の承継を行ったことは、本件債務を請求
人が履行することを予定していないものと認められることから、本件債務は、
相続税法第14条第1項に規定する「確実と認められるもの」には該当せず、同
法第13条第1項第1号の規定による課税価格から控除すべき債務とすることは
できない。

(ロ)　本件共同相続人に係る課税価格の合計額に含まれる他の相続人の課税価格は、
当該課税価格から他の相続人に対する貸付金の額を減算し、別件債務の額
42,482,250円を加算した額となる。

ハ　請求人は、本件更正処分等に不服があるとして、平成30年6月9日に再調査の
請求をしたところ、再調査審理庁は、同年9月4日付で棄却の再調査決定をした。

ニ　請求人は、再調査決定を経た後の本件更正処分等に不服があるとして、平成30
年10月6日に審査請求をした。

ホ　その後、L税務署長は、本件調査に基づき、本件相続税について、令和元年5

月20日付で別表１の「再更正処分等」欄のとおりの再更正処分をした。

へ　請求人は、上記ホの処分に不服があるとして、令和元年６月18日に審査請求をした。

ト　その後、Ｌ税務署長は、本件調査に基づき、本件相続税について、令和元年８月23日付で別表１の「再々更正処分等」欄のとおりの再々更正処分及び過少申告加算税の変更決定処分をした。

チ　当審判所は、令和元年11月19日、上記への審査請求を却下した。

2　争　点

(1)　本件調査の手続に本件更正処分等を取り消すべき違法又は不当があるか否か（争点１）。

(2)　本件更正処分の理由の提示に不備があるか否か（争点２）。

(3)　本件債務は、相続税法第14条第１項に規定する「確実と認められるもの」に該当するか否か（争点３）。

3　争点についての主張

(1)　争点１（本件調査の手続に本件更正処分等を取り消すべき違法又は不当があるか否か。）について

| 原処分庁 | 請求人 |
|---|---|
| 　本件更正処分等は、通則法第７章の２《国税の調査》の規定に基づく通知並びに説明、勧奨及び交付を経て行われたから、本件調査の手続に本件更正処分等を取り消すべき違法又は不当はない。 | 　本件調査担当職員は、平成29年12月21日、請求人に対する本件調査の結果の内容説明及び修正申告の勧奨を行った際、修正申告に応じず争いになれば、マスコミなどに取り上げられる旨の発言や、請求人と税理士法人Ｍとの信頼関係をこじらせようとする発言をした。さらに、平成30年２月13日、請求人が指摘事項の一部について修正申告に応じる意向を示したところ、修正申告の提出を差し止める指導をした。<br>　本件調査担当職員による上記対応は、 |

| | |
|---|---|
| | 裁量権行使の逸脱濫用ないし適正さに欠け、本件調査が通則法に基づく通知並びに説明、勧奨及び交付を経て行われたからといって、適法な調査手続となると解釈することはできない。<br><br>　したがって、本件調査の手続には、本件更正処分等を取り消すべき違法又は不当がある。 |

(2)　争点2（本件更正処分の理由の提示に不備があるか否か。）について

| 原処分庁 | 請求人 |
|---|---|
| 　本件更正通知書には、①本件債務について、請求人が履行することを予定していないと認められるから、相続税法第14条第1項に規定する「確実と認められるもの」には該当しない旨、②本件申告書における他の相続人の課税価格は、当該課税価格から他の相続人に対する貸付金の額を減算し、別件債務の額を加算した額となる旨それぞれ記載されている。<br><br>　また、理由の提示に係る不備の有無は、本件更正通知書の記載内容により判断されるものであり、再調査決定書や答弁書の記載に影響されるものではない。<br><br>　したがって、本件更正処分の理由の提示に不備はない。 | 　本件更正処分の理由の提示は、本件債務が確実と認められるものに該当しないと判断した根拠が不十分である。<br><br>　また、本件更正通知書には、他の共同相続人の課税価格に加算又は減算した財産の種類（名称）及び金額のみが記載され、加算又は減算した理由が付記されておらず、仮に、請求人が他の共同相続人に対する通知等により、事実上それを知ることができたとしても、処分理由は請求人に対して説明されなければならない。<br><br>　さらに、本件更正処分の理由は、本件更正通知書、再調査の決定書及び審査請求における答弁書に記載される都度変転し、一貫していない。<br><br>　したがって、本件更正処分の理由の提示には不備がある。 |

(3) 争点3（本件債務は、相続税法第14条第１項に規定する「確実と認められるもの」に該当するか否か。）について

| 原処分庁 | 請求人 |
|---|---|
| 　請求人は、本件代金と本件通達評価額との差額を利用して相続税の負担軽減を図るため、税理士法人Mによる、本件被相続人から請求人へ財産を承継するための提案（以下「本件提案」という。）に基づき、本件各契約を締結し、本件債務を請求人が承継することにより履行することなく混同により消滅させたにすぎない。<br>　また、請求人が期限の利益の喪失を主張することや返済の催促を行っていないことからすると、本件債務は、本件相続開始日において請求人が履行することを予定していなかったものと認められる。<br>　したがって、本件債務は、相続税法第14条第１項に規定する「確実と認められるもの」に該当しない。 | 　原処分庁が、本件売買契約による本件建物の所有権移転の効果を認容し、本件通達評価額を本件相続税の課税価格に算入したまま、本件債務の全額の債務控除を否認したことから、本件更正処分は、本件相続税の課税価格が過大に計算された違法な処分である。<br>　そもそも、本件被相続人は、冷暖房設備、エレベーター及びバリアフリーが施された本件建物をセカンドハウスとして使用しており、仮に本件被相続人が先立った場合の、その後の妻の生活をも考慮して、本件提案に基づき本件各契約を締結し、本件建物を取得したものであり、合理的な必要性や目的があった。<br>　そして、本件債務は、処分証書（本件金銭消費貸借契約書）が存在し真正に成立したから、法的に履行が強制されるものであり、請求人がこれを承継した結果、混同により消滅したとしても、本件相続税の課税価格の計算の基礎に算入されなければならない。<br>　したがって、本件債務は、相続税法第14条第１項に規定する「確実と認められるもの」に該当する。 |

4　当審判所の判断

(1) 争点1（本件調査の手続に本件更正処分等を取り消すべき違法又は不当があるか
　否か。）について

　イ　法令解釈

　　　通則法は、第7章の2において、国税の調査の際に必要とされる手続を規定し
　　ているが、同章の規定に反する手続が課税処分の取消事由となる旨を定めた規定
　　はなく、また、調査手続に瑕疵があるというだけで納税者が本来支払うべき国税
　　の支払義務を免れることは、租税公平主義の観点からも問題があると考えられる
　　から、調査手続に単なる違法があるだけでは課税処分の取消事由とはならないも
　　のと解される。

　　　もっとも、通則法は、第24条の規定による更正処分について、「調査により」
　　行う旨規定しているから、課税処分が何らの調査なしに行われたような場合には、
　　課税処分の取消事由となるものと解される。そして、これには、調査を全く欠く
　　場合のみならず、課税処分の基礎となる証拠資料の収集手続に重大な違法があり、
　　調査を全く欠くのに等しいとの評価を受ける場合も含まれるものと解され、ここ
　　にいう重大な違法とは、証拠収集手続が刑罰法規に触れ、公序良俗に反し又は社
　　会通念上相当の限度を超えて濫用にわたるなどの場合をいうものと解するのが相
　　当である。

　　　他方で、証拠収集手続自体に重大な違法がないのであれば、課税処分を調査に
　　より行うという要件は満たされているといえるから、仮に、証拠収集手続に影響
　　を及ぼさない他の手続に重大な違法があったとしても、課税処分の取消事由とな
　　るものではないと解される。

　ロ　検討及び請求人の主張について

　　　請求人は、上記3の(1)の「請求人」欄のとおり、本件調査担当職員の発言及び
　　指導に裁量の逸脱・濫用・不適正があり、通則法に基づく通知並びに説明、勧奨
　　及び交付を経ることによって、適法な調査手続となると解釈することはできない
　　から、本件調査の手続には、本件更正処分等を取り消すべき違法又は不当がある
　　旨主張する。

　　　当審判所の調査の結果によれば、本件調査担当職員は、平成29年12月21日、請
　　求人に対して本件調査により是正を要すると認められた事項を指摘し、修正申告
　　の意向を確認した際に、修正申告に応じない場合の仮定の話や、税理士に対する

損害賠償についての説明を受けたかどうかの確認など、本来の目的に沿わない発言をしたと認められる。また、本件調査担当職員は、平成30年２月13日、請求人が提出しようとしていた修正申告の内容に、当該指摘事項と異なる部分があったことを理由として、請求人の見解を原処分庁に対して明らかにした上で申告するよう話したと認められる。

　　しかしながら、上記イのとおり、課税処分の取消事由となるのは、証拠収集手続が刑罰法規に触れ、公序良俗に反し又は社会通念上相当の限度を超えて濫用にわたる等調査を全く欠くのに等しいとの評価を受けるような重大な違法を帯びる場合に限られ、証拠収集手続に影響を及ぼさない手続の違法は課税処分の取消事由とはならないものと解されるところ、上記認定の本件調査担当職員の発言等は、いずれも実地の調査後のものであって、調査を全く欠くのに等しいとの評価を受けるようなものとはいえず、かえって証拠収集手続に影響を及ぼさない性質というべきである。また、上記認定の本件調査担当職員の発言等は、本来の目的に沿わない点はあるものの、直ちに裁量権を逸脱・濫用した違法があるとまではいえないし、上記イのとおり、証拠収集手続に影響を及ぼさない事由は、違法であっても課税処分の取消事由にならないことからすれば、実地の調査後に本来の目的に沿わない発言等があったからといって、取消事由となる不当があるともいえない。

　　したがって、本件調査手続に本件更正処分等を取り消すべき違法又は不当があるとは認められないから、請求人の主張には理由がない。

(2)　争点２（本件更正処分の理由の提示に不備があるか否か。）について

イ　法令解釈

　　行政手続法第14条第１項本文が、不利益処分をする場合に同時にその理由を名宛人に示さなければならないとしているのは、名宛人に直接に義務を課し又はその権利を制限するという不利益処分の性質に鑑み、行政庁の判断の慎重と合理性を担保してその恣意を抑制するとともに、処分の理由を名宛人に知らせて不服の申立てに便宜を与える趣旨に出たものと解されることから、当該処分の理由が、上記の趣旨を充足する程度に具体的に明示するものであれば、同項本文の要求する理由の提示として不備はないものと解するのが相当である。

ロ　検討及び請求人の主張について

請求人は、上記３の(2)の「請求人」欄のとおり、本件更正通知書の理由の記載は、本件債務が確実と認められるものに該当しないと判断した根拠が不十分であり、また、他の共同相続人の課税価格に加算又は減算した財産の種類（名称）及び金額のみが記載され、加算又は減算した理由が付記されておらず、仮に、他の共同相続人に対する通知等により、請求人が事実上それを知ることができたとしても、処分理由は請求人に対して説明されなければならないから、本件更正処分の理由の提示には不備がある旨、さらに、本件更正処分の理由の提示は一貫していない旨主張する。

　しかしながら、本件更正通知書には、上記１の(4)のロの(イ)及び(ロ)のとおり、原処分庁が本件更正処分を行うに至った理由が具体的に明示され、請求人は課税価格の合計額を算出し、不服申立ての要否を判断することが可能といえるから、処分の名宛人の不服申立ての便宜という見地からも欠けるところはない。

　そうすると、本件更正処分の理由の提示は、行政手続法第14条第１項の趣旨目的を充足する程度に具体的に記載されているものといえる。

　なお、再調査決定書の記載内容は、再調査審理庁が再調査請求に対する判断を示したものにすぎず、答弁書の記載内容は、審査請求に係る原処分庁の主張にすぎないから、そもそも処分理由の提示には当たらない。

　したがって、本件更正処分の理由の提示に不備はないから、請求人の主張には理由がない。

(3) 争点３（本件債務は、相続税法第14条第１項に規定する「確実と認められるもの」に該当するか否か。）について

イ　法令解釈

　(イ)　控除すべき債務の金額の評価について

　　相続税法は、相続により取得した財産の価額の合計額をもって相続税の課税価格とするとともに（同法第11条の２）、被相続人の債務で相続開始の際に確実と認められるものがあるときは、その金額を相続により取得した財産の価額から控除することとし（同法第13条第１項第１号、同法第14条第１項）、その控除すべき債務の金額を、その時の現況によると規定している（同法第22条）。

　　これらの規定は、相続税が財産の無償取得によって生じた経済的価値の増加に対して課せられる租税であるところから、その課税価格の算出に当たっては、

相続によって取得した財産と相続人が相続により負担することとなる債務の双方について、それぞれの現に有する経済的価値を客観的に評価した金額を基礎とする趣旨のものであり、控除債務については、その性質上客観的な交換価値がないため、交換価値を意味する「時価」に代えて、その「現況」により控除すべき金額を評価する趣旨と解される（最高裁昭和49年9月20日第三小法廷判決・民集28巻6号1178頁）。

したがって、弁済すべき金額の確定している金銭債務であっても、同金額が当然に当該債務の相続開始の時における消極的経済価値を示すものとして課税価格算出の基礎となるものではなく、控除すべき金額を個別に評価しなければならない。

(ロ) 「確実と認められるもの」について

相続税法第14条第1項に規定する「確実と認められるもの」とは、相続開始日現在において単に債務が存在するのみならず、①債務者においてその債務の履行義務が法律的に強制されるもののほか、②事実的、道義的に履行が義務付けられ、あるいは、履行せざるを得ない蓋然性の表象があり、相続人がその債務を履行し相続財産の負担となることが必然的な債務をいうものと解される（広島高裁昭和57年9月30日判決・税資127号1140頁）。

ロ　認定事実

(イ)　本件建物及び別件建物の各固定資産税評価額について

上記1の(2)のトのとおり、評価通達89は、家屋の価額を固定資産税評価額によって評価する旨定めるところ、この額は、地方税法上、各年1月1日時点（基準年度）における当該家屋の「適正な時価」（同法第341条第5号、同法第349条第1項）として評価決定されるものとされている。

本件建物及び別件建物は、上記1の(3)のロ及びハの各(イ)のとおり、平成○年新築であり、平成26年度の固定資産税評価額は、それぞれ順次、40,738,138円及び20,726,840円であった。

(ロ)　請求人及び長男Kに対する財産の承継に関する提案について

本件被相続人及びJは、平成○年○月○日付「財産棚卸のご報告と相続対策のご提案」ないし平成○年○月○日付「第7回財産承継提案書」と題する書面により、税理士法人Mから、本件被相続人から請求人への財産の承継に係る本

件提案を受けた。また、本件被相続人及びJは、本件被相続人から長男Kへの財産の承継に係る同様の提案を同時に受けていた（以下、両提案を併せて「本件各提案」という。）。

本件各提案の内容は、要旨、次のとおりである。

A　建物は、相続税の計算上、固定資産税評価額により評価され、本件建物及び別件建物の平成26年度の各固定資産税評価額は、40,738,138円及び20,726,840円である。

本件被相続人が、本件建物及び別件建物を請求人及び長男Kから売買により取得し、預貯金等の金融資産を本件建物及び別件建物に置き換えることで、相続税法上の評価額を圧縮できる。

B　同族関係者間の売買となるため、本件建物及び別件建物の「適正な時価」で売買が行われていることが重要である。建物の時価の算定方法としては、不動産鑑定士による鑑定価格や売買実例などを用いることもできるが、不動産所得の計算上使用している建物の取得価額から減価償却累計額を控除した残高である未償却残高（平成26年〇月末時点で本件建物につき127,802,835円、別件建物につき43,020,653円）を時価と考えることができる。当該各金額で本件建物及び別件建物を譲渡した場合には譲渡所得が生じないので、127,800,000円及び43,020,000円を、本件建物及び別件建物の各売買代金とする。

C　上記Bの各売買に伴い、本件被相続人から請求人及び長男Kに売買代金を支払う必要があるが、金銭消費貸借とすることも可能である。

D　仮に、本件被相続人が請求人及び長男Kに対して、上記Cの金銭消費貸借に基づく金銭債務の支払義務を負ったまま、本件被相続人に相続が発生した場合には、請求人及び長男Kがそれぞれ当該金銭債務を承継することにより、当該金銭債務は消滅する。

E　上記AないしDを前提として、仮に、本件被相続人に相続が発生し、請求人が本件建物及び金銭消費貸借契約に係る本件被相続人の請求人に対する金銭債務を承継し、長男Kが別件建物及び金銭消費貸借契約に係る本件被相続人の長男Kに対する金銭債務を承継した場合、本件建物及び別件建物の各売買代金額（各未償却残高相当額）と各相続税評価額（各固定資産税評価額）との間にそれぞれ差額が生じ、当該各差額により相続税の軽減効果が期待で

きる。

(ハ) 本件各契約及び別件各契約について

 A 本件被相続人は、上記１の(3)のロ及びハのとおり、平成26年〇月〇日、請
求人との間で本件各契約を、長男Ｋとの間で別件各契約を、それぞれ締結し
たところ、本件売買契約等は、本件各提案中、上記(ロ)のＡの内容と同様に、
本件建物及び別件建物を本件被相続人が取得するものであり、定められた本
件代金及び別件代金は、上記１の(3)のロ及びハの各(ロ)のとおり、それぞれ順
次127,800,000円及び43,020,000円で、本件各提案で示された上記(ロ)のＢの各代
金額といずれも同額とされていた。また、これらの金額は、上記(ロ)のＡのと
おり、本件各提案で示された上記(イ)の各固定資産税評価額を、それぞれ順次
87,061,862円及び22,293,160円上回る金額となっていた。

 B 上記(ロ)のＣのとおり、本件各提案は、本件建物及び別件建物の代金を本件
被相続人が支払わず、準消費貸借とすることも想定するものであったが、上
記１の(3)のロ及びハの各(ハ)のとおり、本件被相続人は本件代金及び別件代金
を支払わず、本件準消費貸借契約及び別件準消費貸借契約を締結した。

 C 上記１の(3)のロ及びハの各(ハ)のとおり、本件準消費貸借契約及び別件準消
費貸借契約において、借入期間はそれぞれ〇年と定められたが、本件被相続
人は、これらの契約締結当時、〇歳であった。

(ニ) 本件各契約及び別件各契約締結後の状況等について

 A 上記１の(3)のロ及びハの各(イ)のとおり、本件建物は平成〇年〇月〇日に、
別件建物は平成〇年〇月〇日に新築されたところ、いずれも新築後から本件
売買契約等の締結後に至るまで、請求人、本件被相続人及びＪの住所は、本
件建物の所在地とは異なるａ市ｂ町〇－〇にあり、また、長男Ｋの住所は、
別件建物の所在地にあった。

  なお、証拠資料からは、本件建物の具体的な利用状況は明らかではないも
のの、その利用状況に変更があった気配はなく、また、長男Ｋは別件売買契
約の前後を通じて別件建物において〇〇〇を営み居住していたため、その利
用状況に変更はない。

 B 上記１の(3)のイのとおり、本件において、本件各契約及び別件各契約締結
後、約〇か月が経過した平成26年12月〇日、本件相続が開始した。本件各提

案は、上記㈠のDのとおり、本件被相続人が準消費貸借契約に基づく債務を負ったまま相続が発生することも想定するものであったが、本件相続開始日における本件債務の額及び別件債務の額は、上記１の⑶のニの㈠及び㈢のとおり、それぞれ順次126,202,500円及び42,482,250円となっており、本件相続開始日までに、それぞれ順次1,597,500円及び537,750円減少したにすぎなかった。また、本件債務の額（126,202,500円）と本件通達評価額（40,738,138円）及び別件債務の額（42,482,250円）と別件通達評価額（20,726,840円）の各差額は、それぞれ順次85,464,362円及び21,755,410円であった。

C　上記１の⑶のニのとおり、本件共同相続人が行った本件遺産分割は、本件各提案における上記㈠のEの財産承継と同様の内容であった。

ハ　当てはめ

（イ）　上記ロの㈠のAないしC並びに同㈢のA及びBのとおり、本件各契約及び別件各契約は、本件建物及び別件建物を、各固定資産税評価額を大きく上回る本件各提案と同額で本件被相続人が取得し、その代金を準消費貸借にするという本件各提案に沿った内容で、本件各提案がされた時期に、それぞれ締結されている。

　　また、上記ロの㈠のDのとおり、本件各提案は、本件被相続人が上記準消費貸借に基づく債務を残して相続が発生することも想定しているところ、本件準消費貸借契約及び別件準消費貸借契約に基づく各債務は、同㈢のCのとおり、本件被相続人が借入期間を〇年として負ったものであって、生前に完済されることが予定されていたとは解されず、実際に、同㈡のBのとおり、大部分を残したまま、約〇か月で本件相続に至っている。加えて、本件建物及び別件建物は、本件売買契約等の締結後も利用状況に変わりがあった気配はなく、殊更本件売買契約等の締結当時に本件被相続人の所有としなければならなかったことをうかがわせるような事情は見当たらない。そして、上記ロの㈠のE及び同㈡のCのとおり、本件共同相続人は、本件各提案どおりの内容の本件遺産分割を行っている。

　　以上の事情を総合すると、本件各契約及び別件各契約が、本件被相続人から請求人及び長男Kへの本件各提案に沿った財産承継を実現する趣旨・目的で締結されたことは明らかである。そして、その目的とされた財産承継とは、具体

的には、本件建物及び別件建物について、本件通達評価額及び別件通達評価額に大きな上積みをして本件代金及び別件代金を定め、これを準消費貸借としたまま、相続開始後の遺産分割において、請求人に本件建物及び本件債務を、長男Kに別件建物及び別件債務をそれぞれ承継させて、混同により本件債務及び別件債務を消滅させるというものであり、その目的は、上記ロの(ニ)のCのとおり、実際に、本件遺産分割によって実現される結果となっている。

このような本件各契約及び別件各契約の趣旨・目的及び結果からすると、本件債務及び別件債務は、本件共同相続人間において、いずれ相続の過程で混同により消滅させるべきものとして成立した債務であって、相続開始後の任意の弁済や履行の強制が予定されていたとは解し難い。

(ロ) 本件代金及び別件代金は、上記ロの(イ)のとおり、適正な時価として評価決定された本件通達評価額及び別件通達評価額に大きな上積みをしたものであるから、本件建物及び別件建物の経済的価値を大きく超えるものと推認される。そして、本件債務及び別件債務のうち本件建物及び別件建物の経済的価値を大きく超えて上積みした部分を、いずれ相続の過程で混同により消滅させるべき債務として成立させ、これを相続の対象としたからといって、それが客観的にみて相続によって無償取得した財産の経済的価値を減ずるものとは認め難い。

また、上記イの(イ)のとおり、相続税が財産の無償取得によって生じた経済的価値の増加に対して課せられる租税であるところから、相続税法が定める債務控除は、相続人が相続により負担することとなる債務の現に有する経済的価値を客観的に評価する趣旨のものと解される。そうすると、本件債務及び別件債務のうち、本件建物及び別件建物の経済的価値を大きく超えて上積みした部分は、いずれ混同により消滅させるべき債務を、いわば名目的に成立させたにすぎないものであるから、本件相続開始日における消極的経済価値を示すものとはいえない。

(ハ) 一方で、以上のような本件各契約及び別件各契約の趣旨・目的に従う限り、請求人及び長男Kは、相続によりそれぞれ本件建物及び別件建物を取得しながら、本件代金及び別件代金のうち本件建物及び別件建物の経済的価値に見合う部分の債権も失うべきこととなり、上記ロの(ニ)のCのとおり、実際にこれらを失う結果となっている。それにもかかわらず、請求人及び長男Kが、本件相続

により本件建物及び別件建物を取得して経済的価値が増加したと認めることは
困難であるから、上記各部分に係る本件債務及び別件債務は、本件相続開始日
における消極的経済価値を示すものと認めるのが相当である。そして、本件建
物及び別件建物の経済的価値は、相続税の課税上は、本件通達評価額及び別件
通達評価額により把握されるものであり、上記のとおり、本件相続による本件
建物及び別件建物の無償取得によって経済的価値の増加が認められないことが、
本件債務及び別件債務の消極的経済価値として把握されるのであるから、本件
相続開始日の現況における本件債務及び別件債務の消極的経済価値は、本件通
達評価額及び別件通達評価額をもって把握するのが相当である。

　以上によれば、本件相続開始日の現況において、確実と認められる本件債務
及び別件債務の額は、それぞれ順次本件通達評価額に相当する額40,738,138円
及び別件通達評価額に相当する額20,726,840円となる。

ニ　請求人の主張について

　(イ)　請求人は、上記3の(3)の「請求人」欄のとおり、本件債務については、真正
　　に成立した処分証書が存在しており、法的に履行が強制されるから、請求人が
　　これを承継し混同により消滅したとしても、本件相続税の課税価格の計算の基
　　礎に算入されなければならず、その全額が相続税法第14条第1項に規定する
　　「確実と認められるもの」に該当する旨主張する。

　　本件債務が、本件共同相続人間で履行の強制を予定したものでなく、本件各
　　契約の趣旨・目的に従う限り、請求人は、遺産分割により本件債務を混同によ
　　り失う結果となると解されることは、上記ハのとおりであるが、本件各契約に
　　はこれを義務付けるような定めは見当たらず、その結果の実現は、本件共同相
　　続人の信義に委ねられていたと解する余地がある。そして、確かに、本件準消
　　費貸借契約については、上記1の(3)のロの(ハ)のとおり、請求人及び本件被相続
　　人の意思に基づき真正に成立した処分証書があるから、請求人が、本件各契約
　　の趣旨・目的に沿った遺産分割に応じないなど上記結果を実現させようとせず、
　　長男Kや J に対し、本件債務の各法定相続分に相当する部分の履行の強制をす
　　ることが法的に不可能とまで断ずることは困難である。

　　しかしながら、上記ハの(ロ)のとおり、本件債務の元となった本件代金が、本
　　件建物の経済的価値を大きく超えるものと推認されることに変わりはないから、

仮に、本件各契約が、本件共同相続人間で履行の強制も予定した経済的価値ある債権を請求人に取得させたものであるとすれば、その経済的価値ある債権は、本件建物の経済的価値と本件建物の経済的価値に上積みした部分の経済的価値が一体となったものであるので、そのような行為は、その上積みした部分について請求人に対して特別受益を与えたとみることができ、「相続財産の前渡し」があったと評価されるはずである。

　この場合、具体的相続分の計算では、請求人は本件各契約により上記上積みされた部分の経済的価値を取得したことが考慮されるため、その上積みされた部分に相当する相続財産を取得できず、他の相続人（配偶者及び子）が上積みされた部分に相当する財産を取得することになる（民法第903条《特別受益者の相続分》（平成30年法律第72号による改正前のもの。））。

　したがって、前渡しに係る持戻しにより、請求人が、本件相続により上記上積みされた部分の経済的価値を取得したこととなり、本件被相続人の相続財産は、その上積みされた分だけ増加することになるので、本件共同相続人間では本件債務の存在は、上積みされた部分の限度で相続により無償取得する財産の経済的価値を減ずることにはならない。

　仮に、本件債務の全額が履行の強制も予定した経済的価値を有するとすれば、そうであるにもかかわらずこれを本件債権と混同させて消滅させた本件遺産分割は、上記の前渡しに係る持戻しをしたのと実質的には異ならないということもできる。

　一方で、本件建物の経済的価値に相当する部分については、「相続財産の前渡し」に当たらないため、持戻しをする必要がないから、本件債務のうち本件建物の経済的価値に相当する部分は、相続により無償取得した財産の経済的価値を減ずることになり、その減じられる経済的価値は、本件建物の本件通達評価額で把握するのが相当と解される。

　そうすると、結局、本件債務には履行の強制があったとする請求人の主張を前提としてみても、本件相続開始日の現況における本件債務の消極的経済価値は、上記ハの(ハ)のとおり、本件通達評価額をもって把握するのが相当であり、本件相続開始日の現況において、確実と認められる本件債務の額は本件通達評価額と解されるから、請求人の主張には理由がない。

(ロ) 請求人は、上記 3 の(3)の「請求人」欄のとおり、本件被相続人は、仮に本件被相続人が先立った場合の、その後の妻の生活を考慮して、本件提案に基づき本件各契約を締結し、本件建物を取得したものであり、本件各契約には、合理的な必要性や目的がある旨主張する。

しかしながら、上記のような本件被相続人の主観的な動機によって、本件相続開始日の現況における本件債務の客観的な経済価値が異なるものとなるわけではないから、請求人の主張には理由がない。

ホ 原処分庁の主張について

原処分庁は、上記 3 の(3)の「原処分庁」欄のとおり、本件債務が履行を予定していないことから、その全額が確実と認められるものに当たらない旨主張する。

しかしながら、本件建物の客観的価値に相当する部分については、混同により消滅することが予定されていても、本件相続開始日の消極的経済価値を認め得ることは、履行を前提とするかしないかに応じ、上記ハ及びニのとおりである。

仮に、本件債務及び別件債務の全額の債務控除を否定する場合には、本件共同相続人が相続により無償取得する財産の経済的価値は、本件各契約及び別件各契約の締結前より、本件通達評価額及び別件通達評価額に相当する分だけ増大する結果となるが、本件各契約及び別件各契約は、上記ハのとおり、相続の過程でいずれ混同で消滅させるべき債務を、いわば名目的に成立させたにすぎないものであって、これによって相続により無償取得する財産の客観的な経済的価値が変動するというのは、実質的にみても不合理である。

したがって、原処分庁の主張は、本件通達評価額及び別件通達評価額に相当する額の債務控除を否定する限度で理由がない。

(4) 本件更正処分の適法性について

上記(3)のとおり、確実と認められる本件債務及び別件債務の額は、本件相続開始日の現況において、それぞれ順次40,738,138円及び20,726,840円と認められる。これに基づき、請求人の本件相続税の課税価格及び納付すべき税額を計算すると、別表 2 の「審判所認定額」欄のとおりとなる。

そうすると、本件更正処分のうち、同欄の課税価格及び納付すべき税額を上回る部分の金額は、いずれも違法であるから、本件更正処分は、その一部を別紙「取消額等計算書」のとおり取り消すべきである。

なお、本件更正処分のその他の部分については、請求人は争わず、当審判所に提出された証拠資料等によっても、これを不相当とする理由は認められない。

(5) 本件賦課決定処分の適法性について

本件更正処分は、上記(4)のとおり、その一部を取り消すべきであるから、本件賦課決定処分の基礎となる税額は○○○○円となる。

また、これらの税額の計算の基礎となった事実が本件更正処分前の税額の計算の基礎とされていなかったことについては、通則法第65条《過少申告加算税》第4項に規定する正当な理由があるとは認められない。

したがって、請求人の過少申告加算税の額は○○○○円となり、本件賦課決定処分の金額に満たないから、本件賦課決定処分は、その一部を取り消すべきである。

(6) 結論

よって、審査請求には理由があるから、原処分の一部を取り消すこととする。

別表1　審査請求に至る経緯（省略）

別表2　本件相続税に係る課税価格及び納付すべき税額（審判所認定額）（省略）


別紙　取消額等計算書（省略）

事例10（小規模宅地等についての相続税の課税価格の計算の特例）

> 相続開始後 3 年以内に遺産分割された土地について、租税特別措置法第69条の 4 の
> 適用を受ける場合の更正の請求の期限は、当該土地の遺産分割の日から 4 か月以内で
> あるとした事例（平成29年11月相続開始に係る相続税の更正の請求に対してされた更
> 正をすべき理由がない旨の各通知処分・棄却・令和 3 年 6 月22日裁決）
>
> 《ポイント》
> 　本事例は、租税特別措置法第69条の 4 の適用について準用される相続税法第32条第
> 1 項に規定する更正の請求は、本件特例対象宅地等の遺産分割の日の翌日から 4 月以
> 内にしたものに限られるとしたものである。

《要旨》

　請求人らは、租税特別措置法第69条の 4 《小規模宅地等についての相続税の課税価格
の計算の特例》第 4 項ただし書にある「特例対象宅地等が申告期限から 3 年以内に分割
された」というのは、「全ての相続財産が申告期限から 3 年以内に分割された」と解釈
して、相続税法第32条《更正の請求の特則》第 1 項の更正の請求を認めるべきであるか
ら、本件の各更正の請求（本件各更正請求）は、相続税法第32条第 1 項所定の期限内に
されたものである旨主張する。

　しかしながら、請求人らによって、租税特別措置法第69条の 4 第 1 項の規定による特
例（本件特例）の対象とした土地（本件土地）は、遺産分割協議書の作成日付の日にお
いて遺産分割がされたものと認められるところ、本件各更正請求は、本件特例対象宅地
等の価額の計算における本件特例の適用について、申告の時点では未分割であったが、
本件土地の遺産分割により「申告期限から 3 年以内に分割された場合」に該当したこと
によりされたものであるから、相続税法第32条第 1 項第 1 号及び第 8 号に規定する課税
価格及び相続税額が異なることとなったことを知った日についても、本件土地の遺産分
割の日（遺産分割協議書が作成された日）であるというべきであり、本件特例の適用に
ついてされる相続税法第32条第 1 項に規定する更正の請求は、本件土地の遺産分割の日
の翌日から 4 月以内にしたものに限られることとなり、請求人らは、これをしなかった
ものであるから、その後にされた本件各更正請求が相続税法第32条第 1 項所定の期限内

にされたものに該当することはない。

《参照条文等》

　租税特別措置法第69条第4項、第5項

　相続税法第32条第1項

（令和3年6月22日裁決）

《裁決書（抄）》

1 事　実

(1) 事案の概要

　　本件は、審査請求人A（以下「請求人A」という。）及び同D（以下「請求人D」といい、請求人Aと併せて「請求人ら」という。）が、未分割遺産を法定相続分の割合に従って取得したものとしてその課税価格を計算して相続税の申告をした後、当該未分割遺産の分割が行われたことから、各更正の請求をしたところ、原処分庁が、当該各更正の請求は期限を徒過したものであるとして、更正をすべき理由がない旨の各通知処分をしたのに対し、請求人らが、その全部の取消しを求めた事案である。

(2) 関係法令

　　関係法令は、別紙2記載のとおりである。

　　なお、別紙2で定義した略語については、以下、本文においても使用する。

(3) 基礎事実及び審査請求に至る経緯

　　当審判所の調査及び審理の結果によれば、以下の事実が認められる。

　イ　E（以下「本件被相続人」という。）は、平成29年11月○日に死亡し、その相続（以下「本件相続」という。）が開始した。本件被相続人の共同相続人は、長女である請求人Aと、長男である請求人Dの二人である。

　ロ　本件被相続人は、その所有する別表1の「分筆前」欄に記載の各土地上に存する建物に、請求人Aと共に居住していた。

　ハ　請求人らは、平成30年9月25日、本件相続に係る相続税（以下「本件相続税」という。）について、別表2の「申告」欄のとおり記載した申告書を原処分庁へ提出し、本件相続税の期限内申告（以下「本件申告」という。）をした。本件申告では、遺産について、申告期限までに分割されていたF農業協同組合の年金共済の権利を除き未分割であったため、本件特例を適用することなく、その未分割のものについて相続税法第55条の規定により課税価格が計算されており、また、上記の申告書には「申告期限後3年以内の分割見込書」（以下「分割見込書」という。）が添付されていた。

　ニ　別表1の各土地は、平成30年12月21日、同表の「分筆後」欄のとおり分筆され、

請求人らは、同月26日付で、本件相続に係る同表の順号①及び②の各土地を請求人Dが、上記ロの建物及びその敷地の用に供されていた同表の順号③ないし⑥の各土地（以下「本件長女取得宅地」という。）を請求人Aが、それぞれ取得することを内容とする遺産分割（以下「本件遺産分割」という。）の協議書を作成した。また、本件長女取得宅地は、いずれも、本件相続を原因として、平成30年12月27日受付の申請により、本件被相続人から請求人Aへの所有権移転登記が経由された。

ホ 請求人らは、令和元年6月17日、上記ハのF農業協同組合の年金共済の権利及び別表1の各土地以外の遺産の分割協議をした。

ヘ 請求人らは、令和元年6月18日、本件相続の遺産分割がまとまったとして、別表2の「更正の請求1」欄のとおり本件相続税の各更正の請求をした。当該各更正の請求では、本件遺産分割及び上記ホの遺産の分割協議に基づいて請求人らの取得財産の価額を計算し、その計算において、本件長女取得宅地に本件特例を適用することを求めていた。

ト 請求人らは、上記ヘの各更正の請求について、原処分庁の担当者から、本件特例の適用は認められないが、その他の更正の請求部分については、請求のとおりに更正処分をする予定であるので、事務処理上の都合により、一旦取り下げてほしいとの説明を受けて、令和元年10月4日、いずれも取り下げるとともに、本件相続税の課税価格を本件長女取得宅地に本件特例を適用しないところで計算した別表2の「更正の請求2」欄のとおりの各更正の請求をした。

チ 原処分庁は、令和元年10月29日付で、上記トの各更正の請求について、いずれもその全部を容認し、別表2の「更正処分」欄のとおり各更正処分をした。

リ 請求人らは、令和元年12月23日、本件長女取得宅地の価額の計算において本件特例を適用することを求めて、別表2の「本件各更正請求」欄のとおり各更正の請求（以下「本件各更正請求」という。）をした。

ヌ 原処分庁は、令和2年3月31日付で、請求人らに対し、本件各更正請求は、相続税法第32条第1項に規定する期間を徒過したものであるとして、更正をすべき理由がない旨の各通知処分（以下「本件各通知処分」という。）をした。

ル 請求人らは、令和2年6月29日、本件各通知処分を不服として、それぞれ審査請求をするとともに、同年7月9日、請求人Aを総代として選任し、その旨当審

判所に届け出た。

2 争 点

(1) 本件各更正請求は、相続税法第32条第1項所定の期限内にされたものか否か（争点1）。

(2) 本件各更正請求は、通則法第23条第1項所定の要件に該当するか否か（争点2）。

3 争点についての主張

(1) 争点1（本件各更正請求は、相続税法第32条第1項所定の期限内にされたものか否か。）について

| 請求人ら | 原処分庁 |
|---|---|
| 措置法第69条の4第4項ただし書にある「特例対象宅地等が申告期限から3年以内に分割された」というのは、「全ての相続財産が申告期限から3年以内に分割された」と解釈して、相続税法第32条第1項の更正の請求を認めるべきである。 本件相続では、請求人らの間で遺産分割協議が長引く状況にあり、土地の分割協議は飽くまでその過程の一部であって、本件特例の選択いかんによって代償財産の価額が異なるなど、最終的に全ての遺産分割が確定するまでの期間が必要とされた。 本件遺産分割の協議書の日付は、書類を作成した日にすぎず、未だ遺産分割の中途であって、相続税法第32条第1項に規定する当該各号に規定する事由が生じたことを知った日であるとの認識が全く無いものであり、最終的に遺産分割協議 | 相続税法第32条第1項に規定する当該各号に規定するその事由が生じたことを知った日とは、措置法第69条の4第4項ただし書の事由が、分割されていない特例対象宅地等が申告期限から3年以内に分割された場合であることからすれば、特例対象宅地等が分割されたことを知った日となる。 請求人らは、平成30年12月26日、自らを当事者として本件遺産分割をしたのであるから、同日が、本件長女取得宅地が分割されたことを知った日であると認められる。 そして、請求人らは、措置法第69条の4第4項ただし書の規定に該当したとする各更正の請求を、平成30年12月26日の翌日から4月以内の平成31年4月26日までにする必要があったところ、同日までにしなかった。 したがって、本件各更正請求は、相続 |

| | |
|---|---|
| を行った令和元年6月17日がその事由が生じたことを知った日に該当し、その翌日にした各更正の請求には、原処分庁の事務的な処理の都合で依頼され取下げはしたものの、その認識が表れている。<br><br>　これら一連の手続も踏まえ、本件各更正請求は、相続税法第32条第1項所定の期限内にされたものと取り扱われるべきである。 | 税法第32条第1項所定の期限後にされたものであり、また、令和元年6月17日の翌日にした更正の請求も当該期限後であるから、請求人らの主張によっても、当該期限内にされたものと取り扱われるべきとする理由はない。 |

(2)　争点2（本件各更正請求は、通則法第23条第1項所定の要件に該当するか否か。）について

| 請求人ら | 原処分庁 |
|---|---|
| 　措置法第69条の4第4項ただし書では、分割されていない特例対象宅地等が申告期限から3年以内に分割された場合は、その分割された当該特例対象宅地等については、本件特例の適用は可能である旨が明確に規定されている。<br><br>　請求人らは、本件申告に際し、分割見込書を提出しており、本件遺産分割により未分割遺産の3年以内の分割という、大前提が守られている。<br><br>　したがって、本件遺産分割により本件特例が適用された計算によるべきところ、本件申告は、これと異なる計算をしているため、当該計算は、通則法第23条第1項第1号が規定する課税標準等若しくは税額等の計算が国税に関する法律の | 　本件特例は、相続により財産を取得した者に係る全ての特例対象宅地等のうち、分割された特例対象宅地等で当該個人が取得をした特例対象宅地等又はその一部で本件特例の適用を受けるものとして政令で定めるところにより、当該特例対象宅地等を取得した個人が選択し、相続税の申告書に本件特例の適用を受けようとする旨を記載し、所定の書類を添付した場合に適用になるものである。<br><br>　したがって、本件申告において本件特例が適用されていないとしても、それは、通則法第23条第1項第1号が規定する課税標準等若しくは税額等の計算が国税に関する法律の規定に従っていなかったこと又は当該計算に誤りがあったこと |

| 規定に従っていなかったこと又は当該計算に誤りがあったことに該当するものであり、同項所定の要件に該当する。 | に該当するものではなく、本件各更正請求は、同項所定の要件に該当しない。 |
|---|---|

4 当審判所の判断

(1) 争点1（本件各更正請求は、相続税法第32条第1項所定の期限内にされたものか否か。）について

　　本件長女取得宅地の遺産分割は、上記1の(3)のニのとおり、平成30年12月26日付で、請求人らによって本件遺産分割の協議書が作成され、その翌日には本件相続を原因とする所有権移転登記も申請されている一方、他の日にされたと認めるべき事実がないから、その作成日付のとおり平成30年12月26日に本件遺産分割がされ、同日、請求人らが知ったものと認められる。

　　そして、本件各更正請求は、本件長女取得宅地の価額の計算における本件特例の適用について、本件申告の時点では未分割であったが、本件遺産分割により「申告期限から3年以内に分割された場合」に該当したことによりされたものであるから、未分割遺産が分割された一定の場合についての相続税法第32条第1項第1号及び第8号に規定する課税価格及び相続税額が異なることとなったことを知った日についても、本件遺産分割の日であるというべきである。

　　したがって、本件特例の適用についてされる相続税法第32条第1項に規定する更正の請求は、本件遺産分割の日の翌日から4月以内にしたものに限られることとなり、請求人らは、これをしなかったものであるから、その後にされた本件各更正請求が相続税法第32条第1項所定の期限内にされたものに該当することはない。

(2) 争点2（本件各更正請求は、通則法第23条第1項所定の要件に該当するか否か。）について

　イ　本件申告は、上記1の(3)のハのとおり、措置法第69条の4第4項本文の規定に従い、分割されていなかった本件長女取得宅地の価額の計算に本件特例を適用しなかったものであり、通則法第23条第1項第1号に規定する課税標準等又は税額等の計算が国税に関する法律の規定に従っていなかったものでも当該計算に誤りがあったものでもない。

　ロ　本件特例は、措置法第69条の4第4項本文において、相続税の申告書の提出期

限までに共同相続人又は包括受遺者によって分割が行われていない遺産については適用しないとしつつ、同項ただし書において、その分割されていない遺産が相続税の申告書の提出期限から3年以内に分割された場合には、その分割された遺産についてはこの限りでない旨規定しており、遺産分割が行われたときは、その時点において同条第1項を適用することとしたものであって、申告期限時に遡って適用することを規定したものと解することはできない。

　また、本件特例においては、相続税法第19条の2第3項に「国税通則法第23条第3項に規定する更正請求書に、第1項の規定の適用を受ける旨及び同項各号に掲げる金額の計算に関する明細の記載をした書類その他の財務省令で定める書類の添付がある場合に限り、適用する。」とされているような通則法第23条第1項の規定が適用できることを明確に示す規定がない。

　このように、申告期限までに未分割であった遺産への本件特例の適用は、措置法第69条の4第4項ただし書に該当した時点、すなわち、遺産分割の時点の事実関係及び法律関係を前提にすべきものである。

ハ　そして、本件各更正請求は、本件遺産分割の時点の事実関係及び法律関係を前提に本件特例を適用できるとするものであって、申告期限を基準として通則法第23条第1項第1号所定の事由に該当するものとはならない。

ニ　したがって、本件各更正請求は、通則法第23条第1項所定の要件に該当しない。

(3)　請求人らの主張について

イ　請求人らは、上記3の(1)の「請求人ら」欄のとおり、本件特例を適用するための更正の請求の事由を全ての遺産が分割されたことと解釈して、本件各更正請求が相続税法第32条第1項所定の期限内にされたものと取り扱われるべきなどと主張する。

　しかしながら、上記(1)のとおり、本件長女取得宅地は、本件遺産分割によって遺産分割されたものと認めるほかなく、他の遺産について分割を終えるまで未分割であったことにはならないし、令和元年6月17日の遺産分割協議の日の翌日にした上記1の(3)のへの更正の請求にあっても、本件遺産分割の日の翌日から4月を経過していたのであるから、一連の手続からも請求人らが主張するように取り扱うべき理由がない。

ロ　請求人らは、上記3の(2)の「請求人ら」欄のとおり、本件申告に際し分割見込

書を提出し、本件遺産分割をしたことにより、本件特例が適用された計算によるべきところ、これと異なる計算をしている本件申告には誤りがあるため、本件各更正請求は、通則法第23条第1項所定の要件に該当する旨主張する。

しかしながら、請求人らの主張は、本件遺産分割の時点の事実関係及び法律関係に基づくものであって、申告期限を基準として通則法第23条第1項第1号所定の事由に該当するものとはならないことは、上記(2)のハのとおりである。

ハ　以上のとおり、請求人らの主張には、いずれも理由がない。

(4) 本件各通知処分の適法性について

本件各更正請求は、上記(1)のとおり、相続税法第32条第1項所定の期限内にされたものに該当せず、また、上記(2)のとおり、通則法第23条第1項所定の要件に該当しない。

そして、本件各通知処分のその他の部分については、請求人らは争わず、当審判所においてもこれを不相当とする理由は認められない。

したがって、本件各通知処分はいずれも適法である。

(5) 結論

よって、審査請求は理由がないから、これを棄却することとする。

別表1　各土地の分筆状況及び本件遺産分割による取得状況（省略）

別表2　審査請求に至る経緯（省略）


別紙1　共同審査請求人（省略）

別紙 2

# 関係法令

1　租税特別措置法関係

(1)　租税特別措置法（以下「措置法」という。）第69条の4《小規模宅地等についての相続税の課税価格の計算の特例》第1項は、個人が相続により取得した財産のうちに、当該相続の開始の直前において、当該相続に係る被相続人又は当該被相続人と生計を一にしていた当該被相続人の親族の事業の用又は居住の用に供されていた宅地等で建物又は構築物の敷地の用に供されているもののうち政令で定めるもの（特定事業用宅地等、特定居住用宅地等、特定同族会社事業用宅地等及び貸付事業用宅地等に限る。以下「特例対象宅地等」という。）がある場合には、当該相続により財産を取得した者に係る全ての特例対象宅地等のうち、当該個人が取得をした特例対象宅地等又はその一部で同項の規定の適用を受けるものとして政令で定めるところにより選択をしたものについては、限度面積要件を満たす場合の当該選択をした特例対象宅地等に限り、相続税法（平成31年法律第6号による改正前のもの。以下同じ。）第11条の2《相続税の課税価格》に規定する相続税の課税価格に算入すべき価額は、当該特例対象宅地等の価額に同項各号に掲げる区分に応じ当該各号に定める割合を乗じて計算した金額とする旨規定している（以下、同項の規定による特例を「本件特例」という。）。

(2)　措置法第69条の4第4項本文は、同条第1項の規定は、同項の相続に係る相続税法第27条《相続税の申告書》の規定による申告書の提出期限（以下「申告期限」という。）までに共同相続人又は包括受遺者によって分割されていない特例対象宅地等については、適用しない旨規定し、措置法第69条の4第4項ただし書は、その分割されていない特例対象宅地等が申告期限から3年以内に分割された場合には、その分割された当該特例対象宅地等については、この限りでない旨規定している。

(3)　措置法第69条の4第5項は、相続税法第32条《更正の請求の特則》第1項の規定は、措置法第69条の4第4項ただし書の場合について準用する旨規定している。

2　相続税法関係

相続税法第32条第1項は、同項各号のいずれかに該当する事由により課税価格及び

相続税額が過大となったときは、当該事由が生じたことを知った日の翌日から4月以内に限り税務署長に対し国税通則法（以下「通則法」という。）第23条《更正の請求》第1項の規定による更正の請求をすることができる旨規定し、第1号では、分割されていない財産について相続税法第55条《未分割遺産に対する課税》の規定により課税価格が計算され、その後当該財産の分割が行われたことにより取得した財産に係る課税価格が同条の規定に従って計算された課税価格と異なることとなったことを、第8号では、第1号に該当する場合を除き、同法第19条の2《配偶者に対する相続税額の軽減》第2項の分割が行われた時以後において同条第1項の規定を適用して計算した相続税額がその時前の相続税額と異なることとなったことを規定している。

3　通則法関係

　通則法第23条第1項第1号は、納税申告書を提出した者は、当該申告書に係る国税の法定申告期限から5年以内に限り、当該申告書に記載した課税標準等若しくは税額等の計算が国税に関する法律の規定に従っていなかったこと又は当該計算に誤りがあったことにより、当該申告書の提出により納付すべき税額が過大であるときには、税務署長に対し、その申告に係る課税標準等又は税額等につき更正をすべき旨の請求をすることができる旨規定している。

# 四　登録免許税法関係

〈令和3年4月～6月分〉

登録免許税法

事例11 （課税標準　固定資産課税台帳価格がない場合　土地）

> 　原処分庁が固定資産課税台帳に登録された価格のない土地の登録免許税の課税標準
> 額の算定の基とした近傍宅地価格は、類似する不動産の価額とは認められないとした
> 事例（令和2年1月の登記により納付された登録免許税に係る還付通知をすべき理由
> がない旨の通知処分・全部取消し・令和3年6月25日裁決）
>
> 《ポイント》
> 　本事例は、固定資産課税台帳に登録された価格のない土地（本件土地）の所有権移
> 転登記に係る登録免許税の課税標準について、原処分庁が算定の基礎とした本件土地
> の形状等が考慮されていない本件土地に類似するとした宅地の台帳価格（本件近傍宅
> 地価格）ではなく、本件土地を固定資産評価基準に定める評価方法に従って算定した
> 台帳価格相当額とすべきとしたものである。

《要旨》

　原処分庁は、固定資産課税台帳に登録された価格（台帳価格）のない土地（本件土
地）の所有権移転登記（本件登記）に当たり、登記官が登録免許税法施行令附則第3項
の規定により、本件土地が所在する自治体の長が本件土地に類似するとした宅地の台帳
価格（本件近傍宅地価格）を基に算定した登録免許税の課税標準価額は適正である旨主
張する。

　しかしながら、本件近傍宅地価格は、本件土地が不整形な雑種地であることを考慮し
たものではないから類似する不動産の価額とは認められず、本件土地の課税標準価額は、
当該土地を固定資産評価基準に定める評価方法に従って算定した台帳価格相当額とすべ
きである。

《参照条文等》

　登録免許税法施行令附則第3項

《参考判決・裁決》

　平成30年6月14日裁決（裁決事例集 No.111）

（令和3年6月25日裁決）

《裁決書（抄）》

1 事 実

(1) 事案の概要

　　本件は、審査請求人（以下「請求人」という。）が、土地の所有権移転登記を受けるに当たり納付した登録免許税の額が過大であったとして、原処分庁に対し、所轄税務署長に対する還付通知をすべき旨の請求をしたところ、原処分庁が、還付通知をすべき理由がない旨の通知処分をしたことから、請求人が、その全部の取消しを求めた事案である。

(2) 関係法令等

　　関係法令等の要旨は、別紙のとおりである（なお、別紙で定義した略語については、以下、本文でも使用する。）。

(3) 基礎事実及び審査請求に至る経緯

　　当審判所の調査及び審理の結果によれば、以下の事実が認められる。

　イ　d市e町○−○に所在する土地（地積1,346㎡。以下「本件土地」という。）は、令和元年12月23日付で、d市e町○−○に所在する土地（以下「本件分筆前土地」という。）から分筆された2筆の土地のうちの1筆であり、令和2年1月10日付で、地目を田から雑種地に変更する旨の登記がされたものであるところ、令和元年12月31日現在において固定資産課税台帳に登録された価格はなく、令和2年1月1日現在において固定資産課税台帳に登録された価格は○○○○円であった（以下、当該価格を「令和2年度台帳価格」という。）。

　　本件土地は、固定資産評価基準に定める普通住宅地区に所在し、奥行きが約70mと南北に細長い台形に近い不整形地であり、その北西側には、F市道f線（以下「本件市道」という。なお、固定資産の評価に適用される本件市道に付設された平成31年度及び令和2年度の路線価は、1㎡当たり○○○○円であった。）が存し、本件土地は本件市道よりも約50cm低くなっているところ、これらの位置関係等の概略を図示すると、別図のとおりであった。

　　また、本件土地の上には、令和元年12月31日までに設置工事を完了した太陽光発電施設があり、それ以降、太陽光発電施設用地として利用されていた。

　ロ　本件土地の所有者であったFは、令和2年1月24日、G社との間で、代金全額

— 214 —

の支払を条件として、当該所有者から当該会社の指定する者に対して本件土地の所有権を直接移転する旨合意した。そしてG社は、同日に、所有権の移転先として請求人を指定するとともに、本件土地を代金2,000,000円で買い受ける旨合意したところ、請求人がその代金全額を支払ったことから、請求人は本件土地の所有権を取得した。

ハ　H司法書士（以下「本件司法書士」という。）は、令和2年1月24日、F及び請求人からの委任を受けて、B地方法務局D支局に対し、本件土地について、同日売買を原因とする請求人に対する所有権移転登記を申請した（以下、当該申請を「本件登記申請」という。）。

ニ　本件司法書士は、本件登記申請に当たり、上記イのとおり、令和元年12月31日現在（施行令附則第3項に規定する基準日）において、本件土地には固定資産課税台帳に登録された価格がなかったことから、J市長（以下「本件市長」という。）が発行した平成31年度の本件分筆前土地に係る地方税法第422条の3の規定に基づく通知書（以下「本件地方税法通知書」という。）に記載された近傍宅地（地積427.3㎡）の価格○○○○円（以下「本件近傍宅地価格」という。）を基にして計算した1㎡当たりの価額○○○○円に、本件土地の地積を乗じて、課税標準たる本件土地の価額を○○○○円（1,000円未満切捨て）、登録免許税の額を○○○○円（100円未満切捨て）とした上、それに相当する金額の印紙を登録免許税納付用紙に貼り付けて提出し、これを納付した。

ホ　B地方法務局D支局登記官Kは、これを受けて、課税標準たる本件土地の価額を○○○○円（1,000円未満切捨て）と認定した上（以下、当該認定額を「本件登記官認定額」という。）、本件土地について、本件登記申請どおりの登記をした（以下、当該登記を「本件登記」という。）。

なお、原処分庁は、令和2年4月1日付の人事異動により、B地方法務局D支局登記官KからB地方法務局D支局登記官Eとなった。

ヘ　請求人は、令和2年度台帳価格が、本件登記の時における本件土地の正当な価額であり、これを基礎に計算した登録免許税額○○○○円（100円未満切捨て）と、上記ニにおける登録免許税額○○○○円との差額である○○○○円は過誤納であるとして、令和2年8月26日、登録免許税法第31条《過誤納金の還付等》第2項の規定に基づき、原処分庁に対し、所轄税務署長に対する還付通知をすべき

旨の請求をした。

　ト　原処分庁は、上記への還付通知をすべき旨の請求に対し、令和2年9月11日付
　　で、還付通知をすべき理由がない旨の通知処分（以下「本件通知処分」という。）
　　をした。

　チ　請求人は、本件通知処分を不服として、令和2年10月21日に審査請求をした。

2　争　点

　本件登記官認定額が課税標準たる本件土地の価額として過大であるか否か。

3　争点についての主張

| 請求人 | 原処分庁 |
|---|---|
| 　本件土地における①その地目が雑種地であること、②間口が狭く、奥行きが長い不整形地であること、③がけ地を有し、道路面よりも低いため、宅地として利用するためには、多額の造成費が見込まれること、④実際の取得価額が2,000,000円であり、令和2年度台帳価格も○○○○円とされていたことなどの事情を考慮すれば、本件登記官認定額○○○○円は、本件土地の時価と著しく乖離しており、施行令附則第3項の規定に基づき、本件土地に類似した不動産の固定資産課税台帳に登録された価格を基礎として計算したものとはいえない。　　これに対し、令和2年度台帳価格は、本件土地の実態に即して評価されたものであり、施行令附則第3項の規定に基づき、本件土地に類似する土地の固定資産課税台帳に登録された価格を基礎として計算しても、課税標準たる本件土地の価額は、令和2年度台帳価格と同額になるはずである。 | 　課税標準たる本件土地の価額は、施行令附則第3項の規定に基づき、令和元年12月31日現在における本件土地に類似する不動産の固定資産課税台帳に登録された価格を基礎として認定すべきところ、本件登記官認定額は、それに沿って、本件地方税法通知書に記載された本件近傍宅地価格を基にして計算した1㎡当たりの価額に、本件土地の地積を乗じるなどして認定したものであるから、課税標準たる本件土地の価額として適法に認定されたものといえる。　　したがって、本件登記官認定額は、課税標準たる本件土地の価額として過大とはいえない。　　これに対し、請求人は、本件土地の地目、形状等の事情からすれば、本件登記官認定額が本件土地の時価と著しく乖離しており、課税標準たる本件土地の価額として過大である旨などを主張するが、上記で述 |

また、本件土地は、上記1⑶イの地目変更後に実地調査が行われていない状況にあったところ、当該事情は、施行令附則第4項に規定する特別の事情に該当するから、課税標準たる本件土地の価額は、当該事情を考慮して認定すべきであり、この点でも、当該事情が反映された令和2年度台帳価格を基にして認定すべきといえる。

　　したがって、課税標準たる本件土地の価額は、上記1⑶ヘのとおり、令和2年度台帳価格を基にして認定すべきであり、それを上回る本件登記官認定額は過大であると認められる。

べたように、課税標準たる本件土地の価額は、令和元年12月31日現在における本件土地に類似する不動産の固定資産課税台帳に登録された価格を基礎として認定すべきものであるし、本件登記官認定額の計算において基礎とした本件近傍宅地価格は、請求人の主張する事情をよく把握している本件市長が発行した本件地方税法通知書の記載に基づくものであり、それを基礎とする本件登記官認定額の認定は適法であったといえる。

　　なお、登録免許税の税額は、登記の時に確定するものであるから、その後の事情により評価額が変更したとしても、それをもって、登録免許税法第31条第2項の規定に基づく還付通知の請求をすることはできない。

4　当審判所の判断

⑴　法令解釈

　イ　登録免許税法第10条第1項は、不動産の登記の場合における課税標準たる不動産の価額について、当該登記の時における不動産の価額による旨規定しているところ、当該登記の時における不動産の価額とは、当該登記の時における不動産の客観的交換価値、すなわち時価であると解される。

　ロ　また、登録免許税法附則第7条は、登録免許税法第10条第1項の課税標準たる不動産の価額について、当分の間、固定資産課税台帳に登録された当該不動産の価格を基礎として政令で定める価額によることができる旨規定している。これは、登記の時に特別の手続を要せずに納付すべき税額が確定する登録免許税においては、登記官が課税標準たる不動産の価額をその都度判断することは容易でなく、評価方法の選択等によっては評価が異なるおそれもあることから、課税の公平、

納税者の便宜等を考慮し、固定資産課税台帳に登録された価格を基礎として課税標準たる不動産の価額を計算することにしたものであると解される。

ハ　そして、登録免許税法附則第7条の規定による委任を受けた施行令附則第3項は、固定資産課税台帳に登録された価格のある不動産については、当該不動産の固定資産課税台帳に登録された価格に100分の100を乗じて計算した金額に相当する価額とし、固定資産課税台帳に登録された価格のない不動産については、当該不動産の登記の申請の日において当該不動産に類似する不動産で固定資産課税台帳に登録された価格のあるものは、その類似する不動産の固定資産税課税台帳に登録された価格に100分の100を乗じて計算した金額に相当する価額とする旨規定している。このように固定資産課税台帳に登録された価格のない不動産について、当該不動産に類似する不動産の固定資産課税台帳に登録された価格を基礎として計算することにした趣旨は、固定資産課税台帳に登録された価格のない不動産についても、固定資産課税台帳に登録された価格に依拠して計算することにより、固定資産課税台帳に登録された価格がある場合とそれがない場合における価額の均衡を図ることにあると解される。このような趣旨に照らすと、施行令附則第3項に規定する当該不動産に類似する不動産とは、当該不動産と価額の均衡が図られる近傍類似の不動産を意味するものというべきであり、その類似性の有無は、価額に影響を及ぼすことになる不動産の形状、地積、間口、奥行き、利用状況、接道状況、土地利用に係る行政上の規制等の内容等を比較して判断すべきであると解される。

ニ　一方で、固定資産課税台帳に登録された価格のない不動産について、施行令附則第3項に規定する当該不動産に類似する不動産が存在しない場合には、登録免許税法附則第7条及び施行令附則第3項に規定する方法によって直ちに課税標準たる不動産の価額を決定することはできないことになる。

　　しかしながら、登録免許税法附則第7条及び施行令附則第3項に規定する方法によって課税標準たる不動産の価額を計算するときには、固定資産課税台帳に登録された価格を基礎とするところ、この固定資産課税台帳に登録された不動産の価格は、固定資産評価基準に定める評価方法に従って決定された価格が登録されたものであり（地方税法第380条第1項及び第403条第1項等の規定参照）、それとの均衡等を考慮すると、固定資産課税台帳に登録された価格のない不動産につ

いて、施行令附則第3項に規定する当該不動産に類似する不動産が存在しない場合にも、固定資産評価基準に定める評価方法に従って決定した価額が適正な時価を表さないといえるような特段の事情がない限り、固定資産評価基準に定める評価方法に従って決定するのが相当であり、それによって決定した価額をもって、課税標準たる当該不動産の価額と推認することができるものと解される。

(2) 検討

イ 上記1(3)ハのとおり、本件登記申請は、令和2年1月24日にされているから、施行令附則第3項に規定する基準日は、令和元年12月31日現在になるところ、上記1(3)イのとおり、本件土地については、同日現在において固定資産課税台帳に登録された価格がなかったことが認められる。

ロ そして、施行令附則第3項に規定する当該不動産に類似する不動産で固定資産課税台帳に登録された価格があるものが存在するのであれば、その価格を基礎として計算することができることになるが、当審判所に提出された証拠資料等によれば、本件土地の近傍には、本件登記申請の日において、本件土地と形状、地積、間口、奥行き、利用状況及び接道状況、土地利用に係る行政上の規制等が類似する土地は存在しなかったことが認められるから、施行令附則第3項に規定する当該不動産に類似する不動産は存在しないといえる。

ハ また、本件登記官認定額は、本件地方税法通知書に記載された本件近傍宅地価格を基にして計算した1㎡当たりの価額に、本件土地の地積を乗じるなどして認定したものであるが、当審判所に提出された証拠資料等によれば、本件地方税法通知書に記載された本件近傍宅地価格は、当該宅地が接する道路に付設された平成31年度の路線価（1㎡当たり〇〇〇〇円）を基にして、単に近傍宅地の地積を乗じて計算したものであり、上記1(3)イの本件土地の形状等も考慮されていなかったことが認められるから、施行令附則第3項に規定する当該不動産に類似する不動産の固定資産課税台帳に登録された価格とはいえない。

ニ そのため、上記(1)ニの法令解釈に照らし、本件土地について、固定資産評価基準に定める評価方法に従って決定した価額を検討すべきことになる。

そして、当審判所に提出された証拠資料等によれば、固定資産評価基準に従って定められたF市土地評価事務取扱要領には、「画地計算法」に用いる補正率等が定められるとともに、太陽光発電施設用地の評価は地目を雑種地と認定し、類

似する雑種地の売買実例価格の収集が困難であることから、近傍地比準方式により、比準する土地の地目が宅地である場合には、宅地価格から宅地として利用するために必要な造成費相当分を控除した価額を目途として評価する旨などが定められているところ、上記1(3)イのとおり、太陽光発電施設用地として利用されていた本件土地の形状等に照らし、当該要領に定められた当該補正率等に当てはめて計算した本件土地の価額は○○○○円であると認められる（なお、当該価額は、令和２年度台帳価格と同額となる。）。

その他に、当審判所に提出された証拠資料等を精査しても、上記(1)ニの特段の事情があるとうかがわせる事情は存在しないから、課税標準たる本件土地の価額は、○○○○円（1,000円未満切捨て）とするのが相当であり、これを上回る本件登記官認定額は、課税標準たる本件土地の価額として過大であると認められる。

ホ　これに対し、原処分庁は、上記３の「原処分庁」欄のとおり、本件登記官認定額は、本件市長が発行した本件地方税法通知書に記載された本件近傍宅地価格を基にして計算した１㎡当たりの価額に、本件土地の地積を乗じるなどして認定したものであるから、課税標準たる本件土地の価額として過大とはいえない旨、登録免許税の税額は、登記の時に確定するものであるから、その後の事情により評価額が変更したとしても、それをもって、登録免許税法第31条第２項の規定に基づく還付通知の請求をすることはできない旨を主張する。

しかしながら、本件近傍宅地価格をもって、施行令附則第３項に規定する当該不動産に類似する不動産が存在するとはいえないことは、上記ロ及びハのとおりであるし、本件登記官認定額は、本件近傍宅地価格を基にして計算した１㎡当たりの価額に本件土地の地積を乗じたにすぎず、本件土地の形状等に応じた補正等も行っていないから、本件登記官認定額について、本件土地の適正な時価を合理的に算定したものであると認めることもできない。また、当審判所の上記判断は、登録免許税の税額の確定後の事情を考慮したものではないから、この点に関する原処分庁の主張は前提を欠いている。

したがって、原処分庁の主張はいずれも理由がない。

(3)　本件通知処分の適法性

以上のとおり、課税標準たる本件土地の価額は、○○○○円（1,000円未満切捨て）とするのが相当であり、これを上回る本件登記官認定額は、課税標準たる本件

土地の価額として過大であると認められる。そして、これに基づき、当審判所において本件登記に係る登録免許税の額を計算すると、上記1(3)への請求における金額と同額である○○○○円（100円未満切捨て）となり、これと請求人が既に納付した上記1(3)ニの登録免許税の額との差額である○○○○円については、登録免許税の課税標準又は税額の計算が国税に関する法令の規定に従っていなかったことによる過誤納と認められる。

　したがって、上記1(3)への請求は理由があって認められるべきものであるから、本件通知処分は違法であり、その全部を取り消すべきである。

(4)　結論

　よって、審査請求には理由があるから、本件通知処分の全部を取り消すこととする。

別紙

# 関係法令等の要旨

1　登録免許税法第10条《不動産等の価額》第１項は、同法別表第一第１号に掲げる不動産の登記の場合における課税標準たる不動産の価額は、当該登記の時における不動産の価額による旨規定するとともに、この場合において、当該不動産の上に所有権以外の権利その他処分の制限が存するときは、当該権利その他処分の制限がないものとした場合の価額による旨規定している。

2　登録免許税法附則第７条《不動産登記に係る不動産価額の特例》は、登録免許税法別表第一の第１号に掲げる不動産の登記の場合における同法第10条第１項の課税標準たる不動産の価額は、当分の間、当該登記の申請の日の属する年の前年12月31日現在又は当該申請の日の属する年の１月１日現在において地方税法第341条《固定資産税に関する用語の意義》第９号に掲げる固定資産課税台帳（以下「固定資産課税台帳」という。）に登録された当該不動産の価格を基礎として政令で定める価額によることができる旨規定している。

3　登録免許税法施行令附則第３項（以下「施行令附則第３項」という。）は、登録免許税法附則第７条に規定する政令で定める価額として、固定資産課税台帳に登録された価格のある不動産については、次の(1)又は(2)に掲げる当該不動産の登記の申請の日の属する日の区分に応じ次の(1)又は(2)に掲げる金額に相当する価額とし、固定資産課税台帳に登録された価格のない不動産については、当該不動産の登記の申請の日において当該不動産に類似する不動産で固定資産課税台帳に登録された価格のあるものの次の(1)又は(2)に掲げる当該申請の日の区分に応じ次の(1)又は(2)に掲げる金額を基礎として当該登記に係る登記機関が認定した価額とする旨規定している。

(1)　登記の申請の日がその年の１月１日から３月31日までの期間内であるもの
　　その年の前年12月31日現在において固定資産課税台帳に登録された当該不動産の価格に100分の100を乗じて計算した金額（第１号）

(2)　登記の申請の日がその年の４月１日から12月31日までの期間内であるもの
　　その年の１月１日現在において固定資産課税台帳に登録された当該不動産の価格に100分の100を乗じて計算した金額（第２号）

4 　登録免許税法施行令附則第４項（以下「施行令附則第４項」という。）は、登録免許税法別表第一の第１号に掲げる登記で不動産の価額を課税標準とするものについて登録免許税を課税する場合において、登記官が当該登記の目的となる不動産について増築、改築、損壊、地目の変換その他これらに類する特別の事情があるため施行令附則第３項の規定により計算した金額に相当する価額を課税標準の額とすることを適当でないと認めるときは、同項の規定にかかわらず、登録免許税法附則第７条に規定する政令で定める価額は、同項の規定により計算した金額を基礎とし当該事情を考慮して当該登記官が認定した価額とする旨規定している。

5 　地方税法第380条《固定資産課税台帳等の備付け》第１項は、市町村は、固定資産の状況及び固定資産税の課税標準である固定資産の価格を明らかにするため、固定資産課税台帳を備えなければならない旨規定している。

6 　地方税法第388条《固定資産税に係る総務大臣の任務》第１項は、総務大臣は、固定資産の評価の基準並びに評価の実施の方法及び手続を定め、これを告示しなければならない旨規定しており、これを受けて定められた固定資産評価基準（昭和38年12月25日付自治省告示第158号。以下同じ。）は、要旨、次のとおり定めている。

⑴ 　固定資産評価基準第１章《土地》第１節《通則》一《土地の評価の基本》は、土地の評価は、田、畑、宅地、鉱泉地、池沼、山林、牧場、原野及び雑種地の地目の別に、それぞれ定める評価の方法によって行うものとする旨定めるとともに、この場合における土地の地目の認定に当たっては、当該土地の現況及び利用目的に重点を置き、部分的に僅少の差異の存するときであっても、土地全体としての状況を観察して認定するものとする旨定めている。

⑵ 　固定資産評価基準第１章第３節《宅地》一《宅地の評価》は、宅地の評価は、各筆の宅地について評点数を付設し、当該評点数を評点１点当たりの価額に乗じて各筆の宅地の価額を求める方法によるものとする旨定めている。

　　また、固定資産評価基準第１章第３節二《評点数の付設》は、各筆の宅地の評点数は、市町村の宅地の状況に応じ、主として市街地的形態を形成する地域における宅地については「市街地宅地評価法」によって付設するものとする旨定め、同二㈠《「市街地宅地評価法」による宅地の評点数の付設》４《各筆の宅地の評点数の付設》において、この「市街地宅地評価法」による各筆の宅地の評点数は、路線価を基礎とし、「画地計算法」を適用して付設する旨定めるとともに、この場合におい

て、市町村長は、宅地の状況に応じ、必要があるときは、「画地計算法」の附表等
について、所要の補正をして、これを適用するものとする旨定めている。

(3) 固定資産評価基準第1章第10節《雑種地》一《雑種地の評価》は、雑種地の評価
は、ゴルフ場等用地の評価及び鉄軌道用地の評価を除き、雑種地の売買実例価額か
ら評定する適正な時価によってその価額を求める方法によるものとするが、市町村
内に売買実例価額がない場合においては、土地の位置、利用状況等を考慮し、附近
の土地の価額に比準してその価額を求める方法によるものとする旨定めている。

7　地方税法第403条《固定資産の評価に関する事務に従事する市町村の職員の任務》
第1項は、市町村長は、固定資産評価基準によって、固定資産の価格を決定しなけれ
ばならない旨規定している。

8　地方税法第422条の3《土地又は家屋の基準年度の価格又は比準価格の登記所への
通知》は、市町村長は、土地及び家屋の基準年度の価格又は比準価格を決定し、又は
修正した場合においては、その基準年度の価格又は比準価格を、遅滞なく、当該決定
又は修正に係る土地又は家屋の所在地を管轄する登記所に通知しなければならない旨
規定している。

別図　本件土地及び本件市道の位置関係等の概略　（省略）

# 五　国税徴収法関係

〈令和3年4月〜6月分〉

国税徴収法

事例12 (事業譲受人の第二次納税義務)

---

　会社法第762条の規定に基づく新設分割によって滞納法人の事業を承継した請求人は国税徴収法第38条の規定による第二次納税義務を負うとした事例（第二次納税義務の納付告知処分・一部取消し・令和3年4月12日裁決）

《ポイント》
　本事例は、請求人が事業を間断なく継続して運営するためには、資産の承継が前提となっており、新設分割と資産譲渡という2つの法形式により事業譲渡が完成したことが認められ、複数の取引による事業譲渡については、いずれの取引により譲渡されたものであっても国税徴収法第38条にいう譲受財産に当たると判断したものである。

---

《要旨》
　請求人は、会社法第762条《新設分割計画の作成》の規定に基づく新設分割（本件新設分割）により滞納法人から事業（本件事業）を譲り受け、本件事業に係る契約上の地位のほか、本件事業に属する消極財産を承継した後、滞納法人が本件新設分割により取得した請求人の全株式を第三者法人に譲渡した上で、本件事業の用に供するための資産（本件資産）である積極財産を時価で譲り受けた（本件資産譲渡）ことから、本件資産が国税徴収法第38条《事業を譲り受けた特殊関係者の第二次納税義務》にいう譲り受けた事業に属する譲受財産に該当せず、請求人が本件資産を譲り受けた時点で同条及び国税徴収法施行令第13条《納税者の特殊関係者の範囲》第1項第5号に規定する特殊関係者に該当しない旨主張する。

　しかしながら、本件新設分割において、請求人が本件事業を間断なく継続して運営するためには、本件資産の承継が前提となっており、滞納法人が本件資産譲渡に関する手続を本件新設分割と並行して行っていたことから、本件事業の譲渡は、本件新設分割と本件資産譲渡という2つの法形式により完成したことが認められる。加えて、近時は事業譲渡が複数の取引により行われることも通常みられ、複数の取引が1つの企業結合を構成している場合には、それらを一体として取り扱うとされていることから、複数の取引による事業譲渡については、いずれの取引により譲渡されたものであっても譲受財産に当たると解するのが自然である。したがって、本件事業の譲渡は、複数の取引による

事業譲渡に当たると認められ、それらの取引の一つである本件資産譲渡により譲渡され
た本件資産は、国税徴収法第38条にいう譲受財産に該当すると解する。また、特殊関係
者の判定は、本件資産に係る事情を踏まえると、請求人が本件新設分割の時点において
特殊関係者であれば足りるというべきであることから、請求人は、国税徴収法第38条及
び国税徴収法施行令第13条第1項第5号に規定する特殊関係者に該当する。ただし、原
処分庁が認定した譲受財産には、原処分庁の差押えにより請求人への引渡しが不能とな
った債権が含まれ、この場合あらかじめ請求人と滞納法人との間において譲渡対価を減
額する旨の合意をしていたことから、本件資産譲渡に係る契約の一部を合意解除したも
のと解され、当該債権は国税徴収法第38条に規定する譲受財産には含まれない。

《参照条文等》

　国税徴収法第38条

　国税徴収法施行令第13条第1項第5号、第2項

　法人税法第67条第2項

　会社法第49条、第762条第1項、第763条第1項、第764条第1項、第8項

《参考判決・裁決》

　平成20年10月1日裁決（裁決事例集№76）

　東京地裁平成22年8月27日判決（税資（徴収関係判決）順号22−45）

　東京高裁平成23年2月22日判決（税資（徴収関係判決）順号23−7）

（令和 3 年 4 月12日裁決）

《裁決書（抄）》

1　事　実

(1)　事案の概要

　　本件は、審査請求人（以下「請求人」という。）が滞納法人の事業を承継したことは、国税徴収法第38条《事業を譲り受けた特殊関係者の第二次納税義務》に規定する被支配会社への事業の譲渡に該当するとして、原処分庁が、請求人に対して第二次納税義務の納付告知処分をしたところ、請求人が、事業の譲受けに伴って積極財産を譲り受けていないこと、また、積極財産を譲り受けた時点で特殊関係者には該当しないなどとして、原処分の全部の取消しを求めた事案である。

(2)　関係法令

　イ　国税徴収法及び法人税法関係

　　　(イ)　国税徴収法（以下「徴収法」という。）第38条は、納税者が生計を一にする親族その他納税者と特殊な関係のある個人又は被支配会社で政令で定めるもの（以下「特殊関係者」という。）に事業を譲渡し、かつ、その譲受人が同一又は類似の事業を営んでいる場合において、その納税者が当該事業に係る国税を滞納し、その国税につき滞納処分を執行してもなおその徴収すべき額に不足すると認められるときは、その譲渡が滞納に係る国税の法定納期限より 1 年以上前にされている場合を除き、その譲受人は、譲受財産の価額の限度において、その滞納に係る国税の第二次納税義務を負う旨規定している。

　　　(ロ)　国税徴収法施行令（以下「徴収法施行令」という。）第13条《納税者の特殊関係者の範囲》第 1 項第 5 号は、徴収法第38条本文に規定する特殊関係者の一つとして、納税者を判定の基礎として被支配会社（法人税法第67条《特定同族会社の特別税率》第 2 項に規定する会社に該当する会社）に該当する会社を規定している。

　　　(ハ)　徴収法施行令第13条第 2 項は、徴収法第38条の規定を適用する場合において、特殊関係者であるかどうかの判定は、納税者がその事業を譲渡した時の現況による旨規定している。

　　　(ニ)　法人税法第67条第 2 項は、被支配会社とは、会社の株主等の 1 人がその会社の発行済株式の総数の100分の50を超える数の株式を有する場合等におけるそ

－ 231 －

の会社をいう旨規定している。

ロ　会社法関係

(イ)　会社法第49条《株式会社の成立》は、株式会社は、その本店の所在地におい
て設立の登記をすることによって成立する旨規定している。

(ロ)　会社法第762条《新設分割計画の作成》第1項は、一又は二以上の株式会社
又は合同会社は、新設分割をすることができ、この場合においては、新設分割
計画を作成しなければならない旨規定している。

(ハ)　会社法第763条《株式会社を設立する新設分割計画》第1項は、新設分割に
より設立する会社が株式会社（以下「新設分割設立株式会社」という。）であ
るときは、新設分割計画において、次に掲げる事項を定めなければならない旨
規定している。

A　第1号ないし第4号　省略

B　第5号　新設分割設立株式会社が新設分割により新設分割をする会社（以
下「新設分割会社」という。）から承継する資産、債務、雇用契約その他の
権利義務に関する事項

C　第6号　新設分割設立株式会社が新設分割に際して新設分割会社に対して
交付するその事業に関する権利義務の全部又は一部に代わる当該新設分割設
立株式会社の株式の数等に関する事項

D　第7号ないし第12号　省略

(ニ)　会社法第764条《株式会社を設立する新設分割の効力の発生等》第1項は、
新設分割設立株式会社は、その成立の日に、新設分割計画の定めに従い、新設
分割会社の権利義務を承継する旨規定している。

(ホ)　会社法第764条第8項は、同法第763条第1項に規定する場合には、新設分割
会社は、新設分割設立株式会社の成立の日に、新設分割計画の定めに従い、同
項第6号の株式の株主となる旨規定している。

(3)　基礎事実

当審判所の調査及び審理の結果によれば、以下の事実が認められる。

イ　当事者

(イ)　J社（平成30年○月○日に商号をH社に変更した。以下、この商号変更の前
後を通じて「本件滞納法人」という。）は、昭和63年3月○日、○○○○の経

営等を目的として設立された。

(ロ)　請求人は、平成30年○月○日、○○○○の経営等を目的として、本件滞納法人から分割により設立された。

(ハ)　Ｋ社（以下「本件第三者法人」という。）は、平成29年5月○日、○○○○、○○○○の経営等を目的として設立された法人であり、Ｆが代表取締役を務めている。

ロ　事実経過の概要

(イ)　本件滞納法人は、平成30年○月○日、①新設分割により請求人を設立する旨、②請求人に本件滞納法人が営む○○○○事業、○○○○事業、○○○○事業、○○○○事業及び○○○○事業（以下、これらを併せて「本件事業」という。）に関する権利義務を承継する旨、③分割期日を同年○月○日とする旨、④分割対価として請求人の普通株式○○株（以下「本件株式」という。）を本件滞納法人に交付する旨等の新設分割計画書（以下「本件新設分割計画書」といい、本件新設分割計画書による新設分割を「本件新設分割」という。）を作成した。

　　なお、本件新設分割計画書には、本件滞納法人が請求人に承継させる権利義務として、本件事業に関する承継対象契約及び承継対象負債の内容が記載されており、また、承継対象資産はない旨記載されている。

(ロ)　本件滞納法人は、平成30年○月○日、本件第三者法人との間で、①株式譲渡日を同年○月○日とする旨、②本件滞納法人が本件新設分割により請求人から交付を受ける本件株式を本件第三者法人に譲渡する旨等の株式譲渡契約（以下「本件株式譲渡契約」といい、本件株式譲渡契約による本件株式の譲渡を「本件株式譲渡」という。）を締結した。

(ハ)　本件滞納法人は、平成30年○月○日午後○時から午後○時○分までの間に、臨時株主総会を開催し、①本件新設分割を承認する旨、②本件新設分割の効力が生じることを条件とし、本件新設分割の効力発生日をもって、本件滞納法人が所有することとなる本件株式を本件第三者法人に譲渡する旨等を承認した。

(ニ)　請求人について、平成30年○月○日、同日付で本件滞納法人から分割により設立された旨の登記がなされた。

(ホ)　本件滞納法人は、平成30年○月○日午後○時から午後○時○分までの間に、臨時株主総会を開催し、同日午前中に本件第三者法人に本件株式譲渡が行われ

たことを踏まえ、①本件滞納法人の資産の一部である売上債権、在庫商品、貯蔵品及び電話加入権（以下、これらを併せて「本件資産」という。）を請求人に対し、○○○○円で譲渡する旨（以下「本件資産譲渡」という。）、及び②本件滞納法人の資産、負債及び賃貸借契約上の地位の各一部を本件第三者法人に対し、○○○○円で譲渡する旨を承認した。

(ヘ) 本件滞納法人は、平成30年○月○日、請求人との間で、上記(ホ)の①について、資産譲渡契約（以下「本件資産譲渡契約」という。）を締結した。

なお、本件資産は、本件新設分割における承継対象店舗等において営む事業に必要とされる資産となっている。

(ト) 本件滞納法人は、平成30年○月○日、本件第三者法人との間で、上記(ホ)の②について、資産等譲渡契約を締結した。

(チ) 本件滞納法人は、平成30年○月○日、本件資産譲渡契約に係る本件資産のうち、原処分庁によって、同年○月○日付で差押えがされたＬ社に対するクレジットカード売上債権（以下「本件売掛債権」という。）○○○○円について、当該差押えに先行する請求人への譲渡に関する第三者対抗要件を具備できなかったとして、請求人との間で、本件資産譲渡契約に基づき、本件資産の譲渡対価から減額する旨を合意し、協定書（以下「本件協定書」という。）を作成した。

(リ) 本件滞納法人は、平成30年○月○日、Ｍ地方裁判所Ｎ支部に対して、破産手続開始の申立て（以下「本件破産申立て」という。）をし、同月○日午後○時○分、破産手続開始決定を受けた。

(4) 審査請求に至る経緯

イ 原処分庁は、令和元年11月27日付で、請求人に対し、徴収法第38条の規定に基づき、本件滞納法人に係る別表の滞納国税について納付すべき限度の額を○○○○円（以下「本件限度額」という。）とする第二次納税義務を負うとして、同法第32条《第二次納税義務の通則》第１項の規定に基づき、第二次納税義務の納付告知処分（以下「本件納付告知処分」という。）をした。

ロ 請求人は、令和２年１月30日、本件納付告知処分を不服として再調査の請求をしたところ、再調査審理庁は、同年３月30日付で棄却の再調査決定をした。

ハ 請求人は、令和２年４月23日、再調査決定を経た後の本件納付告知処分に不服

があるとして、審査請求をした。

2　争　点

　　本件資産は徴収法第38条にいう譲り受けた事業に属する譲受財産に該当し、かつ、請求人は本件滞納法人の事業を譲り受けた特殊関係者に該当するか否か。

3　争点についての主張

| 原処分庁 | 請求人 |
|---|---|
| 　以下の理由により、本件資産は、徴収法第38条にいう譲り受けた事業に属する譲受財産に該当し、かつ、請求人は本件滞納法人の事業を譲り受けた特殊関係者に該当する。 | 　以下(1)の理由により、本件資産は、徴収法第38条にいう譲り受けた事業に属する譲受財産に該当しない。また、以下(2)の理由により、請求人は本件滞納法人の事業を譲り受けた特殊関係者には該当しない。 |
| (1)　事業の譲渡と譲受財産 | (1)　事業の譲渡と譲受財産 |
| 　イ　会社法第762条に規定する新設分割による権利義務の承継は、徴収法第38条の事業の譲渡に該当すると解されるところ、本件新設分割だけでは請求人は本件滞納法人から承継した本件事業を実施することはできず、本件資産譲渡契約によって事業に必要な資産を取得し、実質的に本件事業を承継できることとなるため、本件新設分割及び本件資産譲渡契約によって初めて一定の事業目的のために組織化され、有機的一体として機能する財産の譲渡があったものとみるべきである。<br>　　　したがって、本件新設分割と本件資産譲渡契約を全体として考察すると、平成30年○月○日に事業の譲渡があったものと認めることができる。 | 　イ　徴収法第38条に規定する「譲受財産」とは、譲受けに係る事業に属する積極財産をいい、事業の譲受け後に取得した財産は含まれないと解されるところ、請求人は、平成30年○月○日午前０時をもって効力発生した本件新設分割によって本件滞納法人の本件事業を譲り受けたものの、本件滞納法人からは本件事業に係る契約上の地位のほか、本件事業に属する消極財産のみを承継したものであり、本件事業の譲受けに伴って、本件事業に属する積極財産を承継したものではない。したがって、譲受財産の価額はゼロである。<br>　　　なお、請求人は本件事業を譲り受けた後、平成30年○月○日午後、請求人と本件滞納法人との間で本件資産譲渡 |

― 235 ―

なお、会社法第49条は、株式会社は、その本店の所在地において設立の登記をすることによって成立する旨規定しているが、設立の登記に設立時間や効力発生時間が登記されることはない。

ロ　本件限度額は、本件事業の譲渡があった時である平成30年○月○日において、請求人が本件滞納法人から譲り受けた本件資産の価額であるところ、本件資産譲渡契約に基づいた本件売掛債権の価額の減額は、後発的事由によるものであることから、本件限度額から控除すべきものではない。

(2)　特殊関係者の判定
イ　請求人の本件株式は、平成30年○月○日、本件滞納法人に交付されているため、請求人は、本件滞納法人を判定の基礎として被支配会社に該当する会社であり、徴収法施行令第13条第1項第5号に規定する特殊関係者に該当する。

契約を締結し、本件事業の用に供するための資産である積極財産を時価で譲り受けた。

　しかしながら、請求人は本件滞納法人から本件資産を借用等することで本件事業を行うことが容易であったものであるから、本件資産の取得がなければ事業の承継ができないということはない。

ロ　請求人と本件滞納法人との間では、本件資産の一部である本件売掛債権が承継できなかったことから、本件資産譲渡契約に基づき、本件資産の価額から本件売掛債権の価額を減額することが本件協定書のとおり合意されている。そのため、承継できなかった本件資産の一部である本件売掛債権については、遡及的にその譲渡が無効となったものであるから、本件資産の価額に含まれるものではない。

(2)　特殊関係者の判定
イ　請求人が本件滞納法人から本件事業を譲り受けた後、平成30年○月○日午前、本件滞納法人から本件第三者法人に本件株式が時価で譲渡されたことから、同日午前の時点で、請求人と本件滞納法人との間の支配関係がなくなり、請求人は本件滞納法人との関係で徴収法第38条及び徴収法施行令第13

| | 第1項に規定する特殊関係者には該当しなくなった。 |
|---|---|
| ロ 徴収法施行令第13条第2項の規定によれば、特殊関係者に該当するか否かの判定は、納税者がその事業を譲渡した時の現況によるとされているところ、本件における「事業を譲渡した時」とは、本件新設分割の登記がされた平成30年○月○日であり、請求人が主張するように同日午後に限定されることはない。 | ロ 徴収法施行令第13条第2項の規定によれば、特殊関係者に該当するか否かの判定は、納税者がその事業を譲渡した時の現況によるとされているところ、本件新設分割によって本件事業の譲渡がなされたのは平成30年○月○日午前であり、本件資産譲渡がなされた同日午後の時点では請求人は本件滞納法人の特殊関係者に該当しない。 |

4　当審判所の判断

(1)　法令解釈

イ　徴収法第38条の規定の趣旨

徴収法第38条は、上記1の(2)のイの(イ)のとおり、納税者が滞納国税の法定納期限の1年前の日後に特殊関係者に事業を譲渡し、かつ、その譲受人が同一又は類似の事業を営んでいる場合において、その納税者が当該事業に係る国税を滞納し、その国税につき滞納処分を執行してもなお徴収不足と認められるときは、その譲受人は、譲受財産の価額を限度として、その滞納国税に係る第二次納税義務を負う旨規定している。

この規定の趣旨は、事業の譲渡が行われるときは、通常、その事業用資産だけでなく、その事業に係る債務も譲受人に移転されるので、譲渡人の債権者が当該事業の譲渡によって不利益を受けることはないが、租税債務については私人間の合意によって譲受人に移転させることができないので、譲渡人が納付すべき国税を譲受人から強制的に徴収することができなくなり、租税債権の確保に支障が生じることとなる一方、事業の譲渡に際しては、通常、譲受人から譲渡人に対して相応の対価が支払われるので、譲受人に対して譲渡人の国税についての第二次納税義務を負わせることが酷に過ぎることも考慮し、事業の譲受人が譲渡人の特殊関係者である場合に限り、その譲受人に対し、譲渡人の国税の引き当てとなって

いた譲受財産の価額を限度として、二次的に譲渡人の国税についての納税義務を負わせることにより、租税債権の確保を図ることとしたものと解される。

ロ　事業の譲渡の意義

　　徴収法第38条の事業の譲渡とは、納税者が一個の債権契約で、一定の事業目的のため組織化され、有機的一体として機能する財産の全部又は重要な一部を譲渡することである。また、会社法第762条に規定する新設分割においては、新設法人が交付する株式を対価として、分割の対象となる権利及び義務の全部又は一部が包括的に新設法人に移転することとなるため、分割の対象が事業であれば、事業が包括承継されることとなる。このように、会社法第762条に規定する新設分割による権利義務の承継は、法形式において債権契約とは異なるが、その実質においては、同様の効果を目的とするものといえることから、徴収法第38条の事業の譲渡に該当するものと解される。

ハ　新設分割における事業の譲渡の時期

　　上記ロのとおり、会社法第762条に規定する新設分割による権利義務の承継は、徴収法第38条の事業の譲渡に該当するものと解されるところ、会社法第764条第1項は、新設分割設立株式会社は、その成立の日に、新設分割計画の定めに従い、新設分割会社の権利義務を承継する旨規定しているので、徴収法第38条にいう事業の譲渡があった時とは、新設分割設立株式会社の成立の日をいうものと解される。

　　また、会社法第764条第8項は、上記1の(2)のロの㈭のとおり、同法第763条第1項に基づいて、新設分割計画に、新設分割設立株式会社が新設分割に際して新設分割会社に対して交付する株式の数等に関する事項を定めた場合には、新設分割会社は、新設分割設立株式会社の成立の日に、新設分割計画の定めに従い、新設分割設立株式会社の株主となる旨規定している。

　　そして、会社法第49条は、上記1の(2)のロの㈤のとおり、株式会社は、その本店の所在地において設立の登記をすることによって成立する旨規定しているのであるから、新設分割設立株式会社の設立登記がされると同時に、新設分割計画の定めに従って、新設分割会社の事業が新設分割設立株式会社に譲渡され、新設分割会社が新設分割設立株式会社の株主となると解するのが相当である。

ニ　特殊関係者の範囲及びその判定の時期

徴収法第38条が適用されるのは、納税者の事業の譲受人が納税者の特殊関係者である場合であるところ、徴収法施行令第13条第１項第５号及び法人税法第67条第２項は、上記１の⑵のイの㈹及び㈾のとおり、納税者を判定の基礎とした場合に、会社の株主等の１人がその会社の発行済株式総数の100分の50を超える数の株式を有する場合におけるその会社は、徴収法第38条にいう特殊関係者に当たる旨規定している。

　　また、徴収法施行令第13条第２項は、上記１の⑵のイの㈨のとおり、特殊関係者であるかどうかの判定は、納税者がその事業を譲渡した時の現況による旨規定している。

　　したがって、納税者がその事業を譲渡した時において、納税者を判定の基礎とした場合に、会社の株主等の１人がその会社の発行済株式総数の100分の50を超える数の株式を有する場合におけるその会社は、徴収法第38条の特殊関係者に当たり、納税者が特殊関係者に事業を譲渡したことという徴収法第38条の成立要件の一要件を満たすこととなる。

⑵　認定事実

　　請求人提出資料、原処分関係資料並びに当審判所の調査及び審理の結果によれば、以下の事実が認められる。

イ　請求人は、平成30年○月○日、本件滞納法人から分割により設立したことに伴い、本件新設分割計画書に記載された権利義務を承継した。

ロ　本件滞納法人は、平成30年○月○日、請求人が本件滞納法人から分割により設立されたことに伴い、請求人の発行した普通株式の全てである本件株式を取得した。

ハ　本件滞納法人は、平成30年○月○日午前○時と同日午前○時の間に、取引先に対して、本件滞納法人が、同日付で、本件新設分割の手続を行い、本件事業を請求人に承継した旨に加え、売掛債権が請求人に譲渡されるとともに、今後の取引関係も請求人に承継される旨を記載した電子内容証明郵便（以下「本件債権譲渡通知」という。）を差し出した。

ニ　本件資産譲渡契約において、同契約に係る契約書第５条第２項は、本件滞納法人から請求人に対する本件資産の引渡し完了の前後を問わずに、本件滞納法人の滞納公租公課に基因して、いずれかの公租公課庁が本件資産に対して差押えを行

い、請求人に対する引渡しが不能となったときは、当該差押えの対象となった本件資産の相当額につき、本件滞納法人と請求人が協議の上、本件資産の譲渡対価を減額する旨定めていた。

ホ　本件資産には、本件売掛債権が含まれていた。

ヘ　本件滞納法人は、平成30年○月○日、事業を廃止した。

ト　本件破産申立てに係る破産申立書においては、要旨以下のとおりの内容が記載されていた。

　　(イ)　本件滞納法人は、○○○○を最優先に検討し、仮にも税務当局による突然の差押え等があれば再建の途を完全に閉ざされて破綻し、○○○○に甚大な損害を生じさせると判断し、本件新設分割を実行し、本件第三者法人による支援の下、事業を承継した請求人において事業再建を図ることとなった。

　　(ロ)　本件滞納法人は、平成30年○月○日付で本件新設分割を行い、新会社として請求人を設立し、同社に対して、○○○○、そしてほぼ全ての事業と取引関係を承継させ、同日付で事業を廃止した。

　　(ハ)　本件滞納法人の資産のうち、事業に直接関連する売掛金や在庫商品などは、本件資産譲渡契約に基づき、承継した事業を今後運営する請求人が承継した。

チ　原処分庁は、平成30年10月29日、本件売掛債権及び供託による利息を取り立てた上で、本件滞納法人の滞納国税に充当した。

リ　本件第三者法人が令和元年9月10日付で原処分庁に提出した「書類送付状」と題する書面によれば、請求人は、平成30年○月○日、本件新設分割により譲り受けた財産及び本件資産譲渡により譲り受けた財産に対して、資産として営業権を計上する会計処理をしたことが認められる。

(3)　検討

　イ　譲受財産について

　　　本件滞納法人は、上記1の(3)のロの(イ)及び(ハ)のとおり、本件新設分割によって本件事業に係る権利義務を新設分割設立株式会社である請求人に承継させたところ、上記(1)のロを踏まえると、本件事業に係る権利義務の承継は、徴収法第38条に規定する事業の譲渡に該当することとなる。そこで、本件資産について徴収法第38条にいう譲受財産に該当するか否かについて、以下検討する。

　　(イ)　上記(2)のヘ並びにトの(ロ)及び(ハ)のとおり、本件滞納法人は、本件新設分割と

同時に事業を廃止し、本件破産申立てに係る破産申立書において、本件事業に直接関連する売掛金や在庫商品などは、本件資産譲渡契約に基づき、本件事業を今後運営する請求人が承継したとしていることからすれば、本件新設分割において、別途、請求人への本件資産の譲渡が予定されていることがうかがわれ、請求人が本件事業を継続して運営するに当たって、本件資産の承継が前提となっていることが認められる。

(ロ) また、上記(2)のハのとおり、本件滞納法人は、本件新設分割により本件事業を承継した後、本件資産譲渡が臨時株主総会で承認されるより前の平成30年○月○日午前○時と同日午前○時の間に、本件資産の一部である売上債権に係る取引先に対して、本件債権譲渡通知の差出手続を完了していることからすると、本件新設分割と同時に承継対象店舗等の売上債権を含む本件資産の譲渡が計画されていたと推認される。さらに、上記1の(3)のロの(ハ)及び(ホ)のとおり、本件滞納法人の株主総会が本件新設分割計画を承認したのは平成30年○月○日午後○時から午後○時○分までの間であるが、同株主総会は、その約○時間から○時間後の翌○月○日午後○時から午後○時○分までの間には本件資産譲渡を承認しており、両者は極めて時間的に接着して行われていた。これらは、新設分割設立株式会社である請求人が、設立後、本件滞納法人から承継した本件事業を間断なく継続させるために、資産及び物品の調達並びに売上債権の回収が必要であったことから、本件資産譲渡に関する手続を本件新設分割と並行して行っていたためであると解される。

(ハ) 上記(イ)及び(ロ)によれば、本件滞納法人が事業を廃止した後、本件事業を請求人が運営していくに当たって実質的には本件資産が必要であったことから、本件滞納法人及び請求人において本件新設分割と併せて本件資産譲渡をしたことが認められ、そうすると、本件滞納法人から請求人への本件事業の譲渡は、本件新設分割と本件資産譲渡契約という2つの法形式により完成したことが認められる。

(ニ) 加えて、請求人は、本件資産の取得原価○○○○円が本件資産の純額を上回るとして、その超過額を営業権として資産に計上しているところ、同営業権の計上は企業結合による会計処理の一つであることから、本件資産は事業譲渡に属する資産として会計処理がされていることが、上記(2)のリにおける会計処理

から認められる。そして、近時は事業譲渡が複数の取引により行われることも通常みられ、このように複数の取引が1つの企業結合を構成している場合には、それらを一体として取り扱うとされていること（企業会計基準委員会「企業会計基準第21号　企業結合に関する会計基準」平成25年9月13日改正）などからすると、複数の取引による事業譲渡については、いずれの取引により譲渡されたものであっても譲受財産に当たると解するのが自然である。

(ホ)　また、上記(1)のイのとおり、事業の譲渡に当たって、租税債務については、私債権と異なり私人間の合意により譲受人に移転しないことから、その資産を引き当てとして租税債権を事業の譲受人から徴収するという徴収法第38条の趣旨に照らしても、本件のように複数の取引による事業譲渡の場合に譲受財産を最初の取引である本件新設分割により移転したものに限定する理由はない。

(ヘ)　そして、上記(2)のトの(イ)及び(ロ)のとおり、本件滞納法人は、税務当局による差押えの前に本件新設分割を実行し、請求人に対し、ほぼ全ての事業と取引関係を承継しており、本件新設分割を契機とする本件資産譲渡により、本件滞納法人の責任財産を構成し、滞納処分の引き当てとなっていた本件資産が請求人に帰属することとなり、租税債権の確保に支障が生じているのであるから、上記(ホ)に照らして、本件資産は滞納国税の引き当てになるものと解するのが相当である。

(ト)　以上のとおり、本件事業の譲渡は、複数の取引による事業譲渡に当たると認められるところ、それらの取引の一つである本件資産譲渡契約により譲渡された本件資産は、徴収法第38条にいう譲受財産に該当すると解するのが相当である。

ロ　特殊関係者について

納税者の特殊関係者であるかどうかの判定時期について、徴収法施行令第13条第2項は、上記1の(2)のイの(ハ)のとおり、納税者がその事業を譲渡した時の現況による旨規定している。そして、上記(1)のハのとおり、新設分割設立株式会社の設立登記がされると同時に、新設分割計画の定めに従って、新設分割会社の事業が新設分割設立株式会社に譲渡され、新設分割会社が新設分割設立株式会社の株主となると解される。

そうすると、上記1の(3)のロの(ニ)及び上記(2)のイ及びロのとおり、請求人の設

立登記がされた平成30年○月○日において、本件新設分割計画書に記載の事業の承継がされ、同時に、本件滞納法人が請求人の全株式を取得したことになるから、上記(1)のニによれば、請求人は本件滞納法人を判定の基礎として被支配会社に該当する会社となり、徴収法施行令第13条第1項第5号に規定する特殊関係者に該当することとなったというべきである。

ハ 納付すべき限度の額について

上記イのとおり、本件事業の譲渡は複数の取引による事業譲渡であることから、納付すべき限度の金額となる徴収法第38条にいう「譲受財産の価額」を算出する対象となる財産は、請求人が本件新設分割によって譲り受けた財産と本件資産譲渡によって譲り受けた財産の双方となる。

原処分庁は、上記(2)のチのとおり、本件売掛債権を取り立てた上、本件滞納法人の滞納国税に充当したことが認められるところ、上記(2)のニのとおり、本件資産譲渡契約には、本件資産について公租公課庁が差押えを行い、請求人に対する引渡しが不能となったときは、協議の上、譲渡対価を減額する旨あらかじめ定められており、上記1の(3)のロの(ﾁ)のとおり、本件滞納法人は、本件売掛債権が原処分庁に差し押さえられたことから、請求人との間において、本件資産の譲渡対価から本件売掛債権の価額○○○○円を減額する旨合意している。これは、本件資産譲渡契約の一部を合意解除したものと解されるから、本件売掛債権は、もはや徴収法第38条にいう譲受財産には含まれないというべきである。

したがって、納付すべき限度の額は、本件限度額である○○○○円から、本件売掛債権の価額○○○○円を控除した○○○○円であると認められる。

(4) 請求人の主張について

イ 請求人は、上記3の「請求人」欄の(1)のイのとおり、本件新設分割によって請求人が譲り受けた積極財産はないから、譲受財産の価額はゼロである旨主張する。

しかしながら、上記(3)のイのとおり、本件事業の譲渡は、本件新設分割と本件資産譲渡契約という複数の取引によりなされたものであり、本件資産が徴収法第38条にいう譲受財産と認められる以上、譲受財産の価額は、本件新設分割だけでなく本件資産譲渡に係る譲受財産も含めて判断すべきであるから、この点に関する請求人の主張には理由がない。

ロ また、請求人は、上記3の「請求人」欄の(2)のとおり、本件資産譲渡の時点で

請求人は本件滞納法人の被支配会社に該当しないから、請求人は徴収法第38条及び徴収法施行令第13条第1項に規定する特殊関係者に該当しない旨主張する。

しかしながら、本件資産に係る上記(3)のイの(イ)ないし(ヘ)の事情を踏まえると、特殊関係者の判定は、上記(3)のロのとおり、請求人が本件新設分割の時点において当該特殊関係者であれば足りるというべきであることから、本件資産譲渡の時点をもって当該特殊関係者の関係を判断すべきとする請求人の主張には理由がない。

(5) 原処分庁の主張について

原処分庁は、上記3の「原処分庁」欄の(1)のロのとおり、本件限度額は、本件事業の譲渡があった時である平成30年○月○日において、請求人が本件滞納法人から譲り受けた本件資産の価額であるところ、本件資産譲渡契約に基づいた本件売掛債権の価額の減額は、後発的事由によるものであることから、本件限度額から控除すべきものでない旨主張する。

しかしながら、上記(2)のホのとおり、本件資産に含まれる本件売掛債権は、上記(3)のハのとおり、本件滞納法人及び請求人における本件資産譲渡契約の一部の合意解除により、本件資産の譲渡対価から本件売掛債権の価額が減額されていること、及び既に本件滞納法人の責任財産として滞納処分の引き当てとなり本件滞納法人の滞納国税に充てられているところ、事業譲渡により国税の徴収の引き当てとなっていた財産を譲り受けた者に金銭的な納付義務を負わせるという徴収法第38条の趣旨に鑑みれば、遡って解除された本件事業の譲渡の部分についてまで第二次納税義務を生じさせる理由はない。よって、本件売掛債権の価額を納付すべき限度の額に含めるべきではない。

したがって、この点に関する原処分庁の主張には理由がない。

(6) 本件納付告知処分の適法性について

上記(3)のイ及びロのとおり、本件資産は徴収法第38条にいう譲受財産に該当すると解するのが相当であり、かつ、請求人は本件事業の譲渡があった時の現況において、同条に規定する本件滞納法人の事業を譲り受けた特殊関係者に該当していたと認められる。

また、上記(3)のハのとおり、納付すべき限度の額は、○○○○円であると認められるところ、本件納付告知処分のその他の部分については、請求人は争わず、当審

判所に提出された証拠資料等によっても、これを不相当とする理由は認められない。

したがって、本件納付告知処分は、納付すべき限度の額につき〇〇〇〇円を超える部分は違法となる。

(7) 結論

よって、審査請求には理由があるから、原処分の一部を取り消すこととする。

別表　本件滞納法人の滞納国税の明細（令和元年11月27日現在）（省略）

大蔵財務協会は、財務・税務行政の改良、発達および
れらに関する知識の啓蒙普及を目的とする公益法人として、
昭和十一年に発足しました。爾来、ひろく読者の皆様から
のご支持をいただいて、出版事業の充実に努めてきたとこ
ろであります。

今日、国の財政や税務行政は、私たちの日々のくらしと
密接に関連しており、そのため多種多様な施策の情報をで
きる限り速く、広く、正確にかつ分かり易く国民の皆様に
お伝えすることの必要性、重要性はますます大きくなって
おります。

このような状況のもとで、当協会は現在、「税のしるべ」
（週刊）、「国税速報」（週刊）の定期刊行物をはじめ、各種
書籍の刊行を通じて、財政や税務行政についての情報の伝
達と知識の普及につとめております。また、日本の将来を
担う児童・生徒を対象とした租税教育活動にも、力を注い
でいるところであります。

今後とも、国民・納税者の方々のニーズを的確に把握し、
より質の高い情報を提供するとともに、各種の活動を通じ
てその使命を果たしてまいりたいと考えておりますので、
ご叱正・ご指導を賜りますよう、宜しくお願い申し上げます。

一般財団法人　大蔵財務協会
理事長　木　村　幸　俊

## 裁決事例集（第123集）

令和４年２月８日　　初版印刷
令和４年２月22日　　初版発行

不　許
複　製

（一財）大蔵財務協会　理事長
発行者　　木　村　幸　俊

発行所　　一般財団法人　大　蔵　財　務　協　会

〔郵便番号　130-8585〕
東京都墨田区東駒形１丁目14番１号
（販　売　部）TEL 03（3829）4141・FAX 03（3829）4001
（出版編集部）TEL 03（3829）4142・FAX 03（3829）4005
URL　http://www.zaikyo.or.jp

本書は、国税不服審判所ホームページ掲載の『裁決事例集No. 123』より転載・編集
したものです。

落丁・乱丁は、お取替えいたします。　　　　　　　　印刷　㈱恵友社
ISBN978-4-7547-2985-1